本书由成都文理学院、成都大学、西南科技大学城市学院教师合著，受四川省社会科学"十三五"规划2018年度项目"碳交易驱动四川乡村振兴低碳化发展的路径研究"（编号：SC18B145）、成都文理学院校级项目"碳中和愿景下绿色发展理念进课程的模式研究与实践探索"(编号：JGB202215)、西南科技大学城市学院城乡融合研究中心资助。

绿色价格机制
与乡村振兴发展研究

田 永 李瑞强 刘胜林 等〇著

Lüse Jiage Jizhi
yu Xiangcun Zhenxing Fazhan Yanjiu

西南财经大学出版社

四川·成都

图书在版编目(CIP)数据

绿色价格机制与乡村振兴发展研究/田永等著. —成都:西南财经大学出版社,2022.4
ISBN 978-7-5504-4908-4

Ⅰ.①绿… Ⅱ.①田… Ⅲ.①价格机制—研究—中国②农村—发展—研究—中国 Ⅳ.①F726.1②F320.3

中国版本图书馆 CIP 数据核字(2021)第 279256 号

绿色价格机制与乡村振兴发展研究
田永　李瑞强　刘胜林　等著

责任编辑:李才
责任校对:周晓琬
封面设计:何东琳设计工作室
责任印制:朱曼丽

出版发行	西南财经大学出版社(四川省成都市光华村街55号)
网　　址	http://cbs.swufe.edu.cn
电子邮件	bookcj@swufe.edu.cn
邮政编码	610074
电　　话	028-87353785
照　　排	四川胜翔数码印务设计有限公司
印　　刷	成都市火炬印务有限公司
成品尺寸	170mm×240mm
印　　张	8.75
字　　数	152 千字
版　　次	2022 年 4 月第 1 版
印　　次	2022 年 4 月第 1 次印刷
书　　号	ISBN 978-7-5504-4908-4
定　　价	58.00 元

序

自习近平总书记 2014 年 11 月、2020 年 9 月先后提出我国"2030 年前碳达峰""2060 年碳中和"以来，碳达峰和碳中和分别成为"十三五"和"十四五"规划的低碳化发展重点目标任务。国家发展改革委 2018 年 6 月 21 日出台《国家发展改革委关于创新和完善促进绿色发展价格机制的意见》后，绿色价格机制成为一大理论热点。全国人民代表大会 2020 年 5 月 28 日通过的《中华人民共和国民法典》，在总则第九条和三个分编，分别对"绿色"原则、"绿色"制度、破坏"绿色"的责任作出了强制性民法规定。这使得"绿色"原则的核心——绿色价格和"绿色"制度的支撑——绿色价格机制，进一步成为我国经济绿色化、高质量发展的一个关键点。

绿色价格机制，是以价格手段践行绿色发展新理念、助推我国经济高质量绿色发展的制度安排和政策工具。其主要包括碳排放权交易市场机制、排污权交易市场机制、碳金融机制、绿色金融定价机制、生态补偿机制、排污费机制、环境保护税机制、碳税机制、碳关税机制等法律、法规、政策、手段、措施，这些理念在本书中不同程度地得到了理论阐释和实践应用。

在绿色价格机制驱动第一、二、三产业高质量发展中，绿色价格机制驱动农业绿色化、高质量发展是一大短板。绿色价格机制与"三农"发展、乡村振兴发展的关联、互动，是践行绿色发展新理念、践行"绿水青山就是金山银山"新理念的绿色路径，是化解城乡发展不平衡不充分矛盾和实现农民脱贫致富的"变道超车"长效机制。

重创全球各行各业的 2020 年新冠肺炎疫情，进一步让人们认识到人的脆弱、灾难的无情和绿色发展的重要性。绿色复苏已成为新冠肺炎疫情之后的必然趋势，绿色价格机制助推乡村振兴绿色发展，将成为弥补"三农"发展短板和我国高质量发展的重要基础和抓手。

成都文理学院田永等人所著的这本《绿色价格机制与乡村振兴发展研究》，试图从四大主要绿色价格机制的相互差异、实践历程、理论源头及其与乡村振兴的助推关联、助推路径、四川案例、金融思考、多维脱贫、未来展望等方面，诠释绿色价格机制和乡村振兴发展的学术性内涵和案例性外延。

本书分为九章，主著为成都文理学院教授田永博士，成都大学商学院副教授、成都文理学院经管学院副院长兼创新创业学院副院长李瑞强博士，成都文理学院经济与金融教研室主任、副教授刘胜林博士，参与撰写者有西南科技大学城市学院邹江副教授、杨林副教授、王红艳副教授、王宇昊副教授、许鲜讲师等。第一章 绿色价格机制的历史及评价，由田永、李瑞强、刘胜林撰写。第二章 绿色价格机制与环境保护税的理论比较，由田永、邹江、王红艳、王宇昊撰写。第三章 开征环境保护税对排污权交易和企业财税管理的影响，由王红艳、田永撰写。第四章 环境保护价格机制，由田永、李瑞强、刘胜林撰写。第五章 碳交易抵消机制与乡村振兴发展的关联，由田永、李瑞强、刘胜林撰写。第六章 碳交易抵消机制助推乡村振兴低碳化发展的路径——以四川为例，由田永、李瑞强、刘胜林撰写。第七章 绿色金融服务乡村振兴的实践探索与思考——以四川为例，由杨林、张健、许鲜撰写。第八章 乡村振兴的多维贫困短板——基于四川大小凉山彝区的实证分析，由许鲜和她的导师——四川农业大学蓝红星教授撰写。第九章 绿色价格机制的未来改革探究，由田永、李瑞强、刘胜林撰写。

田永作为我的弟子，尚处学术成长阶段，本书若有不足之处，诚望学界关爱性地多多指教！他和李瑞强、刘胜林等人撰写的这本书，可以视为绿色"三农"研究领域的一朵浪花，希望能够抛砖引玉地助推农村"绿水青山"在碳金融市场驱动下转化为农村公民脱贫致富和共同富裕的"金山银山"之一。

本书受到四川省社会科学"十三五"规划 2018 年度项目"碳交易驱动四川乡村振兴低碳化发展的路径研究"（编号：SC18B145）、成都文理学院校级项目"碳中和愿景下绿色发展理念进课程的模式研究与实践探索"（编号：JGB202215）、西南科技大学城市学院城乡融合研究中心资助。受作者委托，特此代表作者致谢！感谢四川省社会科学规划办、西南财经大学出版社和所有指导及支持过本书出版的领导、专家、教授！

四川大学经济学院教授委员会主席　蒋和胜

2022 年 3 月 23 日

目录

第一章 绿色价格机制的历史及评价

本章摘要：我国规范化的绿色价格机制，萌芽于 1973 年，顶层设计始于改革开放元年即 1978 年，正式运行起点为 1982 年 7 月 1 日。伴随价格改革，排污费政府定价机制经历了早期萌芽期、初步运行期、"双暂行办法"并行期、成长期、"费"改"税"过渡期 5 个阶段，于 2017 年 12 月 31 日完成历史使命，退出了历史舞台；碳排放权市场定价机制经历了国际碳市场参与期、场外零星交易萌芽期、国内区域试点碳市场交易期和全国统一碳市场启动期几个阶段；排污权交易市场定价机制 2007 年至今一直处于试点交易期；环境保护税机制 2018 年 1 月 1 日替代排污收费机制，宏观、中观、微观 3 个层面运行正常。根据分析研究结果，提出了 5 个方面的对策建议。

关键词：绿色价格机制　排污费　碳排放权市场交易　排污权市场交易环境保护税　碳税

我国较为规范的绿色价格机制——排污费价格机制于 1973 年萌芽，1978 年对此进行顶层设计，1982 年进入定价运行。历经多次改革，减排定价机制种类逐渐增至 3 种基本形式：环境保护税政府减排定价机制、碳排放权市场交易定价机制、排污权交易市场定价机制。此外，尚未在我国实施的还有碳税减排定价机制和碳关税"防止碳泄漏"定价机制。

我国现行 3 种减排定价机制中，排污费政府定价机制最早实施，于 1978 年启动，1982 年运行，历经改革，2018 年升格到环境保护税的法律定价机制高度。碳排放权市场交易定价机制，2005 年开始以清洁发展机制形式，参与国际碳排放权市场交易定价机制，2013 开启国内区域试点市场交易定价机制，2017 年 12 月全国统一碳市场交易定价机制率先在电力行业实施。排污权交易市场定价机制，2007 年开始试点，与排污权交易市场定价机制并行超过10 年。

总结减排定价机制的实践经验，展望新时代减排定价机制的进一步改革发展，对构建新时代中国特色社会主义的低碳化价格理论机制具有十分重要的理论意义和现实意义。

第一节　排污费政府定价机制的发展历程（1973—2017 年）

一、早期萌芽期（1973 年 8 月—1982 年 6 月）

我国绿色价格机制的原始起点，可以追溯到 1973 年的第一次全国环境保护工作会议。这次会议确定了环境保护"全面规划，合理布局，综合利用，化害为利，依靠群众，大家动手，保护环境，造福人民"的 32 字工作方针。同年 8 月 29 日通过的《关于保护和改善环境的若干规定（试行草案）》第四条第三自然段、第五自然段和第八条明文规定：污染特别严重的单位和产品可以停产，对综合利用"三废"的企业在"税收、价格上适当给予照顾"，国家环境保护部门、卫生部门制定污染物排放标准、卫生标准。这是我国减排定价机制最早的雏形。

我国第一部减排定价法律《中华人民共和国环境保护法（试行）》于1979 年 9 月 13 日，由第五届全国人民代表大会常务委员会第十一次会议通过，当日生效。该法第十八条规定：企业污染环境的废气、废水、废渣，应综合利用、化害为利；需要排放的，必须按国家标准执行；超过国家标准，应按照污染物排放数量和浓度，收取排污费。这标志着我国减排定价机制在改革开放初期进入法治时代。

二、初步运行期（1982 年 7 月—1988 年 8 月）

1982 年 2 月 5 日，《征收排污费暂行办法》由国务院发布，从 1982 年 7 月

1 日起执行，标志着具有全国人大法律文本、执政党文件、国务院法规的排污收费减排定价机制正式实施。《征收排污费暂行办法》包括收费目的、缴费主体及标的物、收费标准及时间、排污费列支、排污费使用及监督等方面，形成了排污收费减排定价机制的运行模式。1983 年 12 月，第二次全国环境保护会议，强调了《征收排污费暂行办法》重在执行。1984 年 5 月 8 日，国务院对排污费缴后的 80% 用作治理补贴、防治监测投入做了专款专用的详细规定。

三、"双暂行办法"并行期（1988 年 9 月—2003 年 6 月）

排污收费减排定价机制运行 5 年后，国务院于 1988 年 7 月 28 日发布了《污染源治理专项基金有偿使用暂行办法》。该办法与 1982 年 7 月 1 日开始执行的《征收排污费暂行办法》均由国务院发布，具有相同法规效力，形成"双暂行办法"合并运行机制，弥补了《征收排污费暂行办法》重视收费、使用机制不力的缺憾。《污染源治理专项基金有偿使用暂行办法》共 19 条，包括：基金来源——从政府收费中，提取 20%~30%，加上已收排污费的利息、滞纳金和历年积累的没有用完的全部超标排污费，具体由各省（自治区、直辖市）执行；有偿使用范围；有偿使用期限和利率；偿还、优惠和监管；等等。这使排污收费减排定价机制实行收支两条线得到了规范，提高了排污收费减排定价机制的目标达成度。

1989 年 12 月 26 日，第七届全国人大常委会第十一次会议通过对"试行法律"的修订，正式颁布了《中华人民共和国环境保护法》，自公布之日起施行。该法对排污收费减排定价机制做了相应的改革微调。

四、成长期（2003 年 7 月—2014 年 12 月）

《排污费征收使用管理条例》（以下简称《条例》）于 2002 年 1 月 30 日国务院第 54 次常务会议通过，2003 年 1 月发布，从 2003 年 7 月 1 日起替代《征收排污费暂行办法》和《污染源治理专项基金有偿使用暂行办法》，将"双暂行办法"提升到国务院条例的法规高度，排污收费减排定价机制进入成熟运行期。《条例》共 6 章 26 条，目的是强化排污费征收和使用管理，其内容包括：①排污者向城市污水集中处理设施排放污水、缴纳污水处理费用的，不再缴纳排污费；排污者建成工业固体废物贮存或者处置设施、场所并符合环境保护标准，或者其原有工业固体废物贮存或者处置设施、场所经改造符合环境保护标准的，自建成或者改造完成之日起，不再缴纳排污费。②排污费一律上缴财政，严格实行"收支两条线"。③污染物排放种类、数量实行分级核定、监测或核算制度。④排污费征收标准由国务院价格、财政、环保和经贸部门制定。⑤明确了征收排污费的法律依据包括《中华人民共和国环境保护法》《中华人民共和国大气污染防治法》《中华人民共和国海洋环境保护法》《中华人民共和国水污染防治法》《中华人民共和国固体废物污染环境防治法》《中华人民共和国环境噪声污染防治法》。⑥明确了减缴、免缴、缓缴排污费的各种情形、程序和骗取减、免、缓的处罚规定以及排污费的使用、监督、审计原则。

五、"费"改"税"过渡期（2015 年 1 月—2017 年 12 月）

排污收费减排定价机制运行 31 年后的 2014 年 4 月 24 日，第十二届全国人大常委会第八次会议通过的环保法修订案，被各界称为史上最严的环保法，于 2015 年 1 月 1 日起施行。其明确规定：排污费全部专款专用于环境污染防治，任何个人和单位不得挤占、挪用、截留；缴费主体依法解缴环境保护税的，不再缴纳排污费。

为了促进排污收费减排机制落地和有效运行，相关部门在国务院条例框架下，制定和调整了必要的价格标准。比如 2014 年和 2015 年，国家发展改革委与财政、环保部门发布《关于调整排污费征收标准等有关问题的通知》（发改价格〔2014〕2008 号）和《关于制定石油化工包装印刷等试点行业挥发性有机物排污费征收标准等有关问题的通知》（发改价格〔2015〕2185 号），要求各地提高排污费征收标准、扩大收费范围，实行差别收费，监测检查监督，促进企业减排和开展挥发性有机物排污收费试点。2015 年 10 月 12 日，中共中央、国务院发布《关于推进价格机制改革的若干意见》（中发〔2015〕28号），提出完善环境服务价格政策，逐步形成污染物排放主体承担支出高于主动治理成本的减排定价机制。2017 年 6 月 26 日《中华人民共和国环境保护税法实施条例》征求意见，2017 年 12 月 25 日由国务院发布，2018 年 1 月 1 日与《中华人民共和国环境保护税法》同步实施，正式运行 36 年的排污收费减排定价机制告别历史舞台，被环境保护税绿色价格机制所代替。

第二节　碳排放权市场定价机制的发展历程（2005 年至今）

一、我国基于《京都议定书》CDM 机制的国际碳市场参与期（2005—2018 年）

中国对国际碳排放权交易定价机制的贡献，可以追溯到 2005 年基于《京都议定书》清洁发展机制（clean development mechanism，CDM）项目开发、核证减排量（certified emission reductions，CER）的生产和供给。中国几年内迅速成为全球 CER 市场供给侧的最大供应国。2005 年以来，中国持续参与应对气候变化的全球碳市场定价机制项目。在世界银行等机构的有偿支持下，按照《京都议定书》二氧化碳清洁发展减排市场机制，通过第三方指定经营机构，向欧盟碳市场提供清洁发展机制的 CER。截至 2018 年 2 月 2 日，已有 5 074 个 CDM 项目获得国家发展改革委批准，3 807 个在向联合国注册，1 557 个获联合国签发，生产了全球累计最多的自愿核证减排量，并通过市场碳定价机制，为发达国家提供可履约的核证减排量 59.3 亿吨二氧化碳当量，约占全球 CER 总量 188.94 亿吨二氧化碳当量的 31.39%，为实现碳资源在全世界范围内的帕累托最优配置，做出了突出贡献。

二、国内本土化碳排放权市场定价机制的场外零量交易萌芽期（2008—2011 年）

国内碳减排市场定价机制，在发展中国家最早实施，甚至早于不少发达国家。2008 年 8—9 月，北京环境交易所、上海环境能源交易所、天津排放权交易所相继成立。2009 年，太平保险有限公司以 28 万元的成交价格，成为国内第一笔"自愿碳减排"交易买主，在北京环境交易所完成了奥运会的绿色出行"碳路行动"8 895 吨碳减排额度的购买；2011 年 3 月，方兴地产在北京环境交易所以每吨 60 元的价格，完成 16 800 吨熊猫"自愿碳减排"量的购买；2010 年，在北京交易所通过国航从北京飞往广州的一个航班实现"碳中和"。2009 年 6 月 30 日，广州环境资源交易所挂牌运营。2010 年 9 月 30 日，深圳排放权交易所成立。

三、国内区域试点碳市场交易期和全国统一碳市场启动期（2013—2018年）

为兑现我国在哥本哈根会议上的减排承诺，实现交易平台的国内与国际逐步接轨，使温室气体排放权交易、污染物排放权交易和减排量权益登记规范，推动"共同但有区别"的全球减排原则，国家发展改革委办公厅2011年11月以"发改办气候〔2011〕2601号"文，下发了《关于开展碳排放权交易试点工作的通知》，批准2省5市的7大区域性碳排放权交易平台开展碳排放配额交易和核证减排量交易试点，交易平台分别为深圳碳排放交易所、上海环境能源交易所、北京环境交易所、广州碳排放权交易所、天津排放权交易所、湖北碳排放交易中心、重庆碳排放交易中心，深圳、上海、北京、广州、天津、湖北、重庆的上线交易启动时间分别为2013年6月16日、2013年11月26日、2013年11月28日、2013年12月19日、2013年12月26日、2014年4月2日、2014年6月19日[1][2]。2016年4月、11月，国家发展改革委又先后审批了四川联合环境交易所和福建海峡产权交易所的自愿交易和地区配额交易。截至2018年5月18日，已有3 000多家重点排放企业纳入8个（四川系自愿交易市场机制）区域试点碳减排交易机制，配额累计成交量为18 523.80万吨，成交额达37.72亿元。学界呼吁实施的全国统一碳排放权交易市场减排定价机制，也于2017年12月19日宣布启动，2020年完成基础建设，2021年进行发电行业模拟交易。

第三节　排污权交易市场定价机制的发展历程（2007年至今）

中国排污权交易市场定价机制，可以追溯到1987年上海水污染排放权的转让。2001年4月，美国环境保护协会与生态环境部签订了《推动中国二氧化硫排放总量控制及排放权交易政策实施的研究》合约，在一些地区进行试

---

① 我国七大试点碳排放交易中心及概况 [EB/OL]. (2020-02-06) [2021-08-26]. http://www.tanpaifang.com/tanguwen/2020/0206/68049.html.

② 广碳所联合控排企业成立广东低碳企业发展联盟 [EB/OL]. (2013-12-19) [2021-08-26]. https://www.cnstock.com/v_index/sin_kx/201312/2851932.htm.

验排污权交易市场的示范工作，实质性地带动了排污权交易市场减排机制在我国的萌芽。全国第一个排污权交易市场平台——浙江省嘉兴市排污权储备交易中心 2007 年 10 月 23 日注册登记，宣告成立，提供化学需氧量和二氧化硫储备、交易服务。目前，全国共有 30 个地区（含省、自治区、直辖市和一般地方城市）启动了排污权有偿使用和试点交易市场减排定价机制，其中 18 个是各地根据国家政策自行开展试点的市场减排定价机制，12 个（含青岛市）实施的是财政部、生态环境部和国家发展改革委批复的排污权有偿使用和试点交易市场减排定价机制。一级市场价格，由政府出让而形成。

近年来，我国在加快将排污费机制改革为环境保护税政府减排定价机制的同时，出台了一系列有关排污权交易市场减排定价机制的专题政策，以期培育市场。这些政策包括：2014 年 8 月 25 日，国务院办公厅以"国办发〔2014〕38 号"文件，出台了《国务院办公厅关于进一步推进排污权有偿使用和交易试点工作的指导意见》，指导国务院各部门和各省（自治区、直辖市）推进排污权核定、使用费收支、交易价格管理的具体工作；2015 年 10 月 12 日，中共中央、国务院以"中发〔2015〕28 号"文件出台了《关于推进价格机制改革的若干意见》，高屋建瓴地提出了党和国家价格改革领域排污权交易市场定价机制的顶层设计：完善排污权交易市场减排定价机制，积极推进排污权有偿使用，引导企业主动治污减排。2015 年 10 月 1 日，财政部、发改委、环境保护部出台《排污权出让收入管理暂行办法》，标志着排污权交易市场减排定价机制这一新兴的市场化价格机制进入了中国特色社会主义价格改革新时代。

截至 2017 年 8 月，国家批复试点地区通过排污权有偿使用减排机制收取的排污费总金额达 73.1 亿元；由企业在中介市场平台自愿交易，形成二级市场价格，在国家批复的试点地区通过排污权市场交易减排机制达成交易金额 61.7 亿元；自行开展交易试点的各地总交易金额只有 5 亿元。目前国内已建立上海环境能源交易所、北京环境交易所、天津排放权交易所等一级环境交易所，另有 10 余家已挂牌成立的环境权益类交易所和 20 余家专业性环境交易所。

第四节　环境保护税机制的发展历程（2018 年至今）

2018 年 1 月 1 日，《中华人民共和国环境保护税法》生效，《中华人民共和国环境保护税法实施条例》实施。环境保护税绿色价格机制生效以来，从全国宏观、省级中观、企业微观看，各层级运行平稳。考虑到全国范围政策时滞效应的滞后性，笔者重点选取四川省遂宁市 2018 年一季度一些被税务部门专题调研过的微观企业进行分析，试图反映出环境保护税定价机制在基层的实际运行效果。

一、环境保护税绿色价格机制在全国的宏观运行

全国不仅总的聚集效应更凸显，而且环境保护税绿色价格机制驱动的环境保护税税收也开始入库。2018 年首个征收期，全国第一季度有 24.46 万户纳税人申报税额 66.6 亿元，扣除减免部分，实际入库 44.6 亿元，比 2017 年第一季度的排污费有所增长。第二季度入库 52.2 亿元，比 2017 年第二季度的排污费增长 17%，比 2018 年第一季度增长 7.6 亿元。2018 年前两个季度累计征税入库 96.8 亿元，比 2017 年前两个季度同口径排污费增加 17.5 亿元，增幅达 22.1%。缴费变纳税的企业，经营成本相应加大，大多数纳税人在环境保护"费"改"税"以后，企业总体减排预算需要调增，各级政府的财政收入中的环境保护税收收入预算也应相应调增。2018 年全国税务机关对 13 000 家纳税申报异常的纳税人进行税款补征，确保了环境保护税绿色价格机制的绿色效应。2019 年全国环境保护税入库 221 亿元，比 2018 年的 151.1 亿元增长约 46.3%。

二、环境保护税绿色价格机制在省和地级市的中观运行

从环境保护税的集聚效应看，微观经济主体小量叠加，环境保护税绿色价格机制会影响各级财税预算。

甘肃省环境保护税 2018 年上半年征收期内有 3 452 户纳税人申报缴税 5 529.5 万元，其中减免税 1 800.4 万元，大气污染物入库税款 3 557 万元，水污染物入库税款 165.7 万元，固体废物入库税款 4.8 万元，噪声申报入库税款 1.6 万元。与 2017 年第二季度排污费 4 689 万元相比增长 17.9%；减免税 1 800.4万元，实际入库税款 3 729.1 万元，实际入库税款数比同期排污费收入相比下降 20.47%。

四川省遂宁市环保部门向当时的地税局移交资料 308 户，地税部门识别管户 192 户，2018 年第一季度实际申报环境保护税纳税户 192 户，征收税款 271

万元，同期缴纳排污费 162 万元，增收 109 万元，增幅 67.28%。这反映出环保税促进污染减排方面的效应初步显现。

2018 年，山东省共有 1.17 万户纳税人申报环境保护税 29.45 亿元，减免税额 10.37 亿元，实际纳税额为 19.08 亿元，和 2017 年相比排污费收入总体稳定，实现了由排污收费向征税的平稳过渡。

2018 年江苏省共有 33 908 名纳税人申报环境保护税，共申报 42.3 亿元，2018 年全年累计入库 29.5 亿元，居全国首位。

三、环境保护税绿色价格机制在基层企业的微观运行

面对环境保护税绿色价格机制，税务机关和纳税企业表现出各自不同的立场差异。从微观层面看，每个纳税企业缴纳环境保护税的数额小，并且希望通过《中华人民共和国环境保护税法》相关条款支付最小的排污成本；税务机关希望通过《中华人民共和国环境保护税法》相关条款，该减免的减免，该征收的征收，确保环境保护税收机制最大限度减排的机制效果。

比如，四川遂宁某印染企业，2018 年第一季度环保税申报入库 0.34 万元，比 2017 年第一季度征收的排污费 2.53 万元减少 2.19 万元，减幅约为 86.56%。通过税务稽查，该公司第一季度享受的环保税减免不合规，填报的数据是 2017 年度第三方机构出具的环境监测报告上的数据。根据《中华人民共和国环境保护税法》的相关规定，企业享受环保税减免必须提供当期的环境监测报告，不能以往年的数据为参考。针对该公司第一季度缴纳的环保税金额明显低于 2017 年同期缴纳的排污费金额的情况，税务机关通过稽查发现，该企业自 2017 年第二季度开始停业整顿，将烧煤的加工生产方式改为烧天然气，减少了应税污染物的排放，因此降低了税收。

又如，中国石油天然气股份有限公司西南油气田分公司某基层油气矿，2018 年第一季度环保税申报入库 56 万元，比 2017 年第一季度征收的排污费 12.7 万元增加 43.3 万元，约增长 341%。经过详细调研，发现该环境保护税纳税人安装了环保部门认可的自动监测设备对排放污染物进行实时监测。通过数据比对，发现企业应税污染物申报量与实际排放量一致，应税污染物排放量基本保持平稳，导致环保税与排污费相比增加较大的原因主要有 3 个：一是 2017 年排污费当量单价过低，环保税污染当量单位税额为 2.8 元/千克，而 2018 年为 3.9 元/千克，相比较大幅度增加；二是计费方式不同，2017 年环保

部门采用物料衡算法计算排污费，2018 年第一季度税务部门采用企业新安装的自动监测设备数据计算环保税；三是排污费作为一种费，征收刚性不足，企业缴纳积极性不高。《中华人民共和国环境保护税法》规定，纳税人排放应税大气污染物或者水污染物的浓度值低于国家和地方规定的污染物排放标准 50%的，减按 50%征环境保护税。经过确认，2018 年第一季度纳税人排放的应税水污染物浓度值符合享受环境保护税减免优惠的政策规定，依法享受了 50%的减免，共计减免税额 252 万元。

再如，遂宁市射洪某上市公司 2017 年第一季度大气污染排放量 91 578.675 千克，水污染排放量 318.852 吨，2017 年第一季度缴纳排污费 26.22 万元。2018 年第一季度大气污染排放量 92 641.258 千克，水污染排放量 322.815 吨，2018 年第一季度应缴纳环保税 36.22 万元。

从其他省份的情况也可看到微观个案的减排效应。中国石油甘肃兰州某催化剂企业技术改造后的 2018 年第一季度只需缴纳 15 万元环境保护税，比上一年度 24 万元减少 9 万元，原因在于 2018 年减排 19%；河北定州乳业在环境保护税收工具驱动下，减排 10%；河南一家养殖企业的污水接近零排放，环保税负下降 80%。

第五节　政策建议

建议未来绿色减排价格机制改革围绕下列 5 个方面：①碳税单独立法和环境保护税法"大一统"法制化选择；②全国统一碳市场扩容及其与国际国内碳市场的多重对接、互认；③碳现货、碳远期的市场规范化完善与碳期货、碳期权的价格发现机制运行；④排污权市场机制的立法、试点扩容、现货、远期、期货、期权市场改革创新和全国统一排污权市场建设及其国际国内互联互通；⑤政府定价与市场定价机制的协同推进、排污权与碳排放权市场定价机制的协同推进。

总之，绿色定价机制，已经逐步融入国际国内法律、执政党章程、习近平新时代中国特色社会主义思想、党政工作报告、中长期规划纲要、生态文明建设、"五位一体"总体布局、新发展理念、人类命运共同体、应对气候变化、经济绿色低碳转型、产业结构调整、产品升级换代。通过进一步的价格改革，在减排资源配置中，发挥决定性作用的减排定价机制将由现在的环境保护税政府定价机制，向排污权交易和碳排放权交易的市场化定价机制有序转型；环境保护税和尚未实施的碳税政府定价机制也将逐步规范地宏观调控减排资源配置。

参考文献

国家环境保护总局，中共中央文献研究室，2001. 新时期环境保护重要文献选编［M］. 北京：中央文献出版社.

胡祖才，许昆林，张汉东，2016.《中共中央国务院关于推进价格机制改革的若干意见》学习读本［M］. 北京：人民出版社.

李虹，熊振兴，2017. 生态占用、绿色发展与环境税改革［J］. 经济研究（7）：124-138.

李岩岩，2016. 我国碳税税率设计及福利效应研究［D］. 北京：北京航空航天大学.

刘建梅，2016. 经济新常态下碳税与碳排放交易协调应用政策研究［D］. 北京：中央财经大学.

田永，2014. 碳金融交易平台价格形成机理与实践探索［J］. 价格理论与实践（9）：113-115.

田永，2017. 美国退出《巴黎协定》与全球碳定价机制实践的宏观解析［J］. 价格理论与实践（10）：30-33.

王红艳，田永，桂雄，2018. 开征环境保护税对企业排污权交易和财税管理的影响［J］. 经济师（9）：40-41.

杨志宇，2016. 欧盟环境税研究［D］. 长春：吉林大学.

第二章 绿色价格机制与环境保护税的理论比较

本章摘要：环境保护税和碳排放权交易、排污权交易市场定价机制以及碳税，都是重要的绿色减排机制。锚定环境保护税，从理论上分析，环境保护税与其他绿色减排机制具有四个方面相同的共性化特征和六个方面不同的差异化特征。研究的启示和展望表明：环境保护税和三大减排定价机制之间是互补关系而非互替关系，国际合作减排机制更为复杂，但中国和欧盟可以合作创建以人民币、欧元为减排交易指定结算货币的"中欧碳币"体系。厘清环境保护税和其他绿色减排机制之间的理论关系，对于指导环境保护税征收实践，探索各种绿色减排机制的价格形成、运行、调控、传导和国际协同，具有重要意义。

关键词：环境保护税 碳交易 排污权交易 排污费 碳税

2018 年 1 月 1 日环境保护税对排污费机制的替代，标志着中国绿色减排机制上升到了绿色税法的高度。但一些微观经济主体在实践中不理解为什么2021 年前后还要在全国范围内首先从发电行业开始碳排放配额管制和市场化交易履约，为什么与此同时还要扩大和推进排污权交易，为什么还可能进一步开征碳税。从理论上清晰界定环境保护税和三大减排定价机制之间的相同之处和差异化特征，能够让纳税人在经济低迷背景下也心甘情愿地纳税、减排，为我国低碳转型绿色发展各尽其力。

从国际视野讲，法国在宣布提高燃油碳排放税之前缺乏理论与实践的"预热"和互动，引发巴黎"黄背心"运动；美国退出《巴黎协定》，成为

《巴黎协定》在 2020 年替代《京都议定书》作为全球应对气候变化新规制约束各国提供绿色公共品的一大不确定因素。

从国内法规看，国家发展改革委 2018 年 6 月 21 日出台的《国家发展改革委关于创新和完善促进绿色发展价格机制的意见》和 2021 年 1 月 1 日施行的《中华人民共和国民法典》总则第九条和三个分编，分别对"绿色"原则、"绿色"制度和破坏"绿色"的责任作出了强制性民法规定。理清各种减排机制之间的理论逻辑，具有重要的国际、国内意义。

减少污染物排放和温室气体排放，需要投入生产要素，需要支付成本，需要对这个成本进行定价，也就是需要根据绿色价格机制进行减排定价。绿色税收，虽然不能等同于减排价格，但作为排放主体的排放成本，会减少企业税后利润。绿色税收的减排机理可以看作政府支配纳税人缴纳税款用于绿色减排财政支出。因而，绿色税收既是企业减排价格的一个构成部分，也是政府驱动绿色发展和调控经济转型的重要财政工具。学界对绿色价格机制并无统一和明确的界定。减排的政府绿色价格机制包含以价格机理致力于减排的财政、税收、补贴工具；减排的市场定价机制包含以价格机理致力于减排的金融化、商品化、市场化交易工具；减排的企业绿色价格机制主要包括在"价格杠杆"效益驱动下和企业投入产出合算前提下，致力于减排的技改、研发、投资、预算、支付、披露、咨询、筹划和对一切财政及金融政策绿色化减排价格工具的利用。

本章锚定环境保护税机制，与其他几种新兴绿色价格机制对比，从而反映出几种主要的新兴绿色价格机制之间的理论渊源、实践经验、功能指向、理论分支、减排机理、约束效度、环境资源承载类别、管辖覆盖范围、参与主体的异同，形成探究减排机制实践的理论基础。本章聚焦于绿色减排机制研究，不探讨"节能"这个排放源头；聚焦于比较研究，不探讨各种减排机制自身的理论内涵。

第一节　绿色价格机制

一、绿色价格机制的理论释义

绿色价格机制，早在 2004 年就由赵云君和于文祥提出，但一直缺乏对绿色价格机制这一术语的统一和明确的界定。经济学上的绿色价格机制，泛指以价格手段减少污染物排放和温室气体排放的一切政府定价规定、市场定价交易机制、企业利益最大化商业规则和一切减排政策、法律、法规的总称。

从价格形成的驱动主体区分，绿色价格机制可以分为政府定价机制和市场定价机制。政府定价机制主要包含以价格机理致力于减排的财政、税收、补贴工具；市场定价机制主要包含以价格机理致力于减排的金融化、商品化、市场化交易工具。

我国现行减污定价机制有两种形式：一是 2018 年 1 月 1 日替代排污收费的环境保护税定价机制；二是 2007 年区域试点至今的排污权交易市场定价机制。我国现行的减碳定价机制暂时只有碳排放权交易市场定价机制；国际上已有碳税绿色价格机制。也就是说，全球绿色价格机制共有四种形式，我国正在运行的绿色价格机制有三种形式。

企业对绿色价格机制的选择，除法律强制性约束外，会在政府机制和市场机制中权衡利弊，或单选或双选，主要在"价格杠杆"效益驱动下和企业投入产出合算前提下，致力于减排的技改、研发、投资、预算、支付、披露、咨询、筹划和对一切财政及金融政策绿色化减排价格工具的利用。

二、绿色价格机制研究的现实意义

1943 年洛杉矶烟雾灾害和 1948 年宾夕法尼亚的气温倒置事件、二氧化硫中毒事件，催生了绿色价格机制。美国陆续发布了 1955 年版《空气污染控制法案》、1963 年版《清洁空气法案》、1967 年版《空气质量法案》，以及 1970 年、1977 年、1990 年三个版本的《清洁空气法案修正案》。欧洲国家也出台了减少排放的法律法规。

政府驱动减排失灵，改用污染物减排市场交易机制减排效果仍然不佳，出现了环境公共品供给"双失灵"现象。减排市场失灵主要表现在"减排价格信号失灵、基准线上的额外性失灵、减排量重复计算的失灵"三个方面。

《京都议定书》针对市场失灵，硬性要求发达国家和欧洲转型国家通过配额交易量化指标减排；针对政府失灵，给出"排放贸易""联合履约""清洁发展"三种市场减排机制。英国曾以优惠税收的"定价机制"驱动二氧化碳减排，2005 年并入欧盟后借鉴美国减污定价机制的碳交易市场机制。一些发达国家先后推出碳税的政府绿色价格机制，与市场交易定价机制并行。但市场减排机制和政府绿色价格机制双失灵问题仍然存在。全球应对气候变化形势日趋严峻，美国退出《巴黎协定》导致发达国家承诺的应对气候变化资助出现巨额资金缺口，可能演化为应对气候变化的世界公共品市场失灵、政府失灵和政府失职。

第二节　环境保护税和绿色价格机制之间的共性化特征

减少环境污染对社会造成的危害，有两种基本方式：一是价格干预，二是总量控制。

价格干预主要通过对排放者征税，用庇古税如环境保护税、二氧化硫税、碳税、碳关税等来调整排放者私人成本和社会成本之间的差距，属于排放者支付环境成本不变、排放量可变的减排机制。干预机理可以用两个公式表示：社会成本＝私人成本+税收价格楔子；消费者支付的商品购买价格＝生产者提供的商品生产价格+税收价格楔子。总量控制是基于基准线，对排放者设定一个逐年下降的上限总量——配额，根据实际排放总量，到减排市场自由买卖配额，实现减排，比如碳交易、排污权交易等，属于排放者支付成本可变、排放总量"配额不变"的减排机制。从比较研究的视角探讨，环境保护税和碳交易、排污权交易、碳税机制之间，存在如下四个方面的共性化特征。

一、具有相同的国内外理论渊源

环境保护税和三种减排定价机制所要解决的问题都是环境资源承载容量的共性问题。它们具有相同的两大理论渊源：一是马歇尔（1890）在《经济学原理》中提出的微观经济主体"外部经济"理论；二是马克思（1894）在《资本论》第三卷第一篇第五章中用13 000多字的篇幅描述的"不变资本节约减排"理论。我国节能减排实践与马克思主义经济学的"节约"减排理论一脉相承。

从中国国内理论源流来看，天人合一的道家文化、新中国成立前和新中国成立后的植树造林思想、1973年以来所积累的环境保护和节能减排学术研究，构成了绿色减排机制研究的中国理论沿革。

二、具有相同的国外实践经验借鉴

我国减排机制萌芽于改革开放起点的 1978 年，运行于 20 世纪 80 年代。借鉴国外实践经验逐步完善我国减排定价机制，是我国各种减排定价机制的共同特征。我国曾借鉴荷兰节能减排较为有效的五项减排定价工具——标杆协议、用煤协议、排污权交易、税收、政府补贴；真实交易的排污权交易定价机制始于中国与美国签约的排污权推广试点交易项目；环境保护税减排机制借鉴了美国、欧盟、日本的环境税和资源税实践经验；我国最早的碳排放权交易市场机制源于按照《京都议定书》以核证减排量参与国际碳交易的市场"供给侧"清洁发展机制。国内的减排机制还吸取了欧洲、北美和澳大利亚的经验教训。

三、具有相同的功能指向

所有减排机制的功能指向都是减少污染物排放，或者减少温室气体排放，是人类共同应对大气环境污染或者气候变化的手段，都具有"正的外溢性"特征，都是人类"非物质"公共品，都可以在一定范围和一定程度上解决经济发展中的外部性问题。

四、同属绿色定价机制

环境保护税政府机制、碳排放权交易市场定价机制、排污权交易市场定价机制、碳税政府机制都属于绿色减排机制范畴，都可以通过调控机制，让高排放者支付高于污染物（碳排放源）治理的成本。至于生态补偿定价机制、资源环境定价机制等"非减排定价机制"和绿色标签减排、命令减排等"非定价减排机制"以及其他类似绿色减排机制，不在本章的研究范围。

第三节　环境保护税和绿色价格机制的差异化特征

从理论和实践两个维度分析，环境保护税和碳交易、排污权交易、碳税机制之间，存在六个方面的差异化特征。

一、不同的理论分支

支撑环境保护税和碳税减排机制的理论分支是庇古的福利经济学。庇古在《福利经济学》一书中提出政府征收环境税是解决环境问题最有效的方式。2018 年诺贝尔经济学奖得主威廉·诺德豪斯也主张用环境资源税解决环境资源承载能力有限的问题，用碳税应对气候变化。另一位诺奖得主约瑟夫·斯蒂格利茨提出在全球统一征收碳税的设想。

支撑排污权市场交易和碳市场交易减排机制的理论分支是科斯的交易成本理论。科斯在《社会成本问题》一文中提出购买产权将外部效应内部化的市场交易理论，实践家们据此构建起当今正在使用的两大市场化减排定价机制——排污权交易市场减排机制和碳排放权交易市场机制。

二、不同的环境资源承载类别

所有企业事业单位向大气排放的废弃物，都具有两种负的外部效应：第一种是排放物的污染效应，即对环境的污染；第二种是排放物的温室效应，导致地球表面气温升高，全球冰川融化，环境生态恶化，海平面上升，部分地区和国家有可能被海水淹没。

环境保护税和排污权市场交易机制减少的是向环境排放的污染物。碳交易市场和碳税工具减缓的是温室气体的温室效应。2012 年 9 月 11 日以来，我国的碳交易市场定价机制，已从深圳、上海、北京、广东、天津、湖北、重庆等"试点地区"的强制性减碳市场定价机制、四川"非试点地区"的自愿性减碳市场定价机制，发展到 2017 年 12 月 19 日启动的全国电力行业强制性减碳的统一碳市场定价机制。截至 2020 年 4 月 30 日，全国试点市场碳交易机制的配额共成交 3.87 亿吨，成交额为 86.05 亿元；其中线上交易共计 1.54 亿吨，成交额为 38.68 亿元。

三、不同的减排机理

为减排定价机制设计的减排机理主要分为两大类：价格型减排机理和数量型减排机理。

（1）环境保护税、碳税、碳关税减排机制的减排机理，遵循价格型减排机制机理，即价格驱动减排。政府规定一个排污、排碳的价格，微观经济主体多排多交税，少排少交税，不排不交税。含有碳排放的产品出口到境外，对方通过碳关税防范"碳泄漏"。这里实际上存在"只管价格，给钱就排"的"泛排放主义"定价机制缺陷。

国家补贴绿色低碳低污染产业、企业、产品，属于价格矫正减排机制的机理范畴。

（2）排污权交易市场定价机制、碳排放权交易市场定价机制、碳标签的减排机理，遵从数量减排（或总量控制）机制机理，即在一定区域（欧盟、一个国家或地区）设定一个逐年"强制性"减少的碳排放总量——配额，按一定的"方法学"，在公允"基准线"上，将配额分配给排放主体：超排，就在市场上去购买；节约，可在市场上出售。

（3）《京都议定书》三大减排机制——清洁发展机制（clean development mechanism，CDM）、联合履约机制（joint implementation，JI）、排放交易（emission trade，ET），以及由此派生出的各类"自愿性"核证减排量的减排机理，可以归为"价格+数量"的市场减排机制范畴。一个只有强制性配额而缺失自愿性核证减排量的碳市场是不完整的碳市场。

预算减排机制、道义宣传、政府命令、国家标准等减排机理，可归属于"数量+质量"的非价格减排机制机理。

四、不同的减排约束效度

1. 选择性减排机制效度

严格地说，1982年的《征收环境排污费暂行办法》和2003年的《排污费征收使用管理条例》，都属于选择性减排机制，理论上赋予了微观经济主体"一手排污一手交费"的市场化自主选择权。然而，我国排污收费机制在政府的实际使用中，具有"强制性"嫌疑，与排污收费的选择性减排机制性质相悖。

2. 强制性减排机制效度

排污收费机制依法改革为环境保护税机制，是从行政法规上升到法律的高度；依法出台的《中华人民共和国环境保护税法》，具有强制性、无偿性、固定性的效度。我国目前正在运行的三种减排机制中，只有环境保护税这种减排机制具备"税收三性"的最高效度。

3. 自愿性减排机制效度

凡是通过交易市场减排机制实现的减排，都具有减排趋利性，即市场交易主体在追求利润最大化的过程中，不自觉地达到了减排目的。比如，某企业或个人，为赚取差价盈利，在碳交易二级市场购买了碳配额、CER 的现货或期货、期权，"看不见的手"给碳市场带来了流动性，产生了资金池效应，助推了碳交易一、二级市场的减排行动。反之，如果所有人都不在碳市场投资，碳市场就会出现资金衰竭。比如，曾经火爆一时的芝加哥气候交易所最终停止交易，既有政府气候变化政策导向原因，也有资金池枯竭问题。

五、不完全相同的参与主体

（1）环境保护税是政府使用税收减排机制约束微观经济主体减排的一种手段。被规范的参与主体是一切排放"约定排放物"的主体，包括企业单位、事业单位、机关团体和政府机关自己。当然，参与主体也包括执行征税职能的税务机关。

（2）排污权交易、碳交易减排定价机制的参与主体是拥有或需要排放配额、核证减排量的主体，也包括排污权交易市场和碳交易市场的市场平台、市场中介、金融机构。

（3）碳预算减排机制的参与主体。由于预算现金流（或排放量）功能和级别不同，参与主体包括微观经济主体（含企业单位、事业单位、机关、学校等排放单位）的减排预算（含碳预算、排污权预算，下同）、超国家（如欧盟、美国加州-加拿大魁北克地区）减排预算、国家减排预算、次国家减排预算。

（4）减排补贴机制的参与主体。支出主体是国家的各级政府，接受补贴收入的主体是各类符合补贴条件的微观主体。支付工具的不同时差、不同对象、不同类别，会产生不同的减排效应和减排替代效应。

此外，碳标签减排的非价格机制的参与主体是消费者。通过碳标签引导商品客户在购物时多购买低碳商品，提高低碳商品购买量，替代和放弃高碳商品消费，实现减排目的。

六、不同的管辖覆盖范围

1. 环境保护税

环境保护税，作为绿色机制之一，是《中华人民共和国环境保护税法》约束的一个税种，属于政府减排机制范畴，管辖对象为在中华人民共和国境内的排放主体。这一点与其他非价格减排机制的国家标准管辖覆盖相比，小于国际行业标准，大于国内行业标准和国内地区标准。

2. 碳排放权市场减排定价机制和排污权市场减排定价机制

这两种机制管辖覆盖范围有小于国家地域范围的，比如我国七个试点地区碳排放权交易体系和排污权试点交易体系的配额，又如全国统一碳排放权交易市场首批只覆盖我国电力行业排放配额；也有等于国家地域管辖范围的，比如符合试点交易体系抵消机制的国家核证减排量（Chinese certified emission reduction，CCER）；还有大于国家地域管辖范围的，如符合欧盟碳交易体系清洁发展机制的发展中国家核证减排量 CER、符合欧盟碳交易体系碳排放权贸易机制的欧盟成员国排放配额与核证减排量；更有既小于国家地域范围又超越国境的，如符合北美碳排放交易定价体系的碳排放配额，既属于次国家的美国一些州和加拿大一些省，又超越了美、加两国的国境。

第四节　启示与展望

综上所述，环境保护税政府减排机制、碳排放权交易市场定价机制、排污权交易市场定价机制、碳税政府减排机制之间，一方面，至少存在四大共性特征，包括相同的理论渊源、相同的国外实践、相同的功能指向和相同的绿色定价机制范畴；另一方面，环境保护税和三大减排定价机制之间具有不同的理论分支、不同的环境资源承载类别、不同的减排机理、不同的减排约束效度、不完全相同的参与主体、不同的管辖覆盖范围六大个性化差异。准确理解各种减排机制之间的理论关系，有利于绿色减排实践价格形成机制、运行机制、调控机制、传导机制的建设和运行，有益于让高排放者支付高于污染源和碳源的减排治理成本，有助于向全球提供更具有效率又兼顾公平的绿色减排公共品。基于此，本节提出了基于中国国情的实践性启示和国际减排的"碳币化"展望。

一、国内实践性启示

一是环境保护税和三大减排定价机制之间是互补关系，而非互替关系。向排污企业征收环境保护税，是国家对所有排污企业强制、无偿、固定采取的普适性政府减排手段；未来排污权交易从目前的地区试点扩大到全国范围之后，对于排污大户，将实行总量控制的许可证规制，超（减）量排放可在排污权交易市场买进（卖出）增（减）量配额；对于温室气体排放大户，超（减）量排放，可在试点地区（全国或全球）碳排放权交易市场买进（卖出）增（减）量配额（或可抵消的核证减排量）；未来我国一旦开征碳税，就会对所有温室气体排放企业强制、无偿征收普适性的碳排放税；涉及进口高碳商品还将征收碳关税，以防范"碳泄露"。届时，环境保护税和三种减排定价机制理论上可以同时对同一个排放主体施以"减排"手段。二是环境保护税和三大减排定价机制实施过程中，需要非价格规制的介入，以避免节能减排价格机制出现市场失灵，同时实行价格减排机制和非价格减排机制，可以抑制"市场机制+政府机制"出现"双失灵"。三是环境保护税和三大减排定价机制之间具有协同效应和互助效应。

二、国际合作减排展望

在环境保护税和三大减排定价机制中，环境保护税和碳税机制只能在境内产生减排效应；我国排污权交易一直限于境内；碳排放权交易长期占据清洁发展机制框架下的全球核证减排量供给侧"半壁江山"。2012年开启国内区域试点碳市场交易，加之2020年正式启动国内统一碳排放权线上交易，我国将成为全球最大碳交易现货市场。但美国退出《巴黎协定》和法国"黄背心"运动体现出了国际合作减排的复杂性，所以既要考虑大国之间不应该有的减排"零和博弈"，也应关切绿色减排机制对各国低收入阶层生计的影响。

中国和欧盟分别拥有全球规模第一、规模第二的绿色减排现货市场和全球绿色减排领导性话语权，可以考虑合作建立"中欧碳币"体系，用人民币、欧元作为中、欧减排市场交易的指定结算货币，从而探索建立基于"碳黄金"的"中欧碳币"体系，这也是对未来理论研究方向和国际合作减排实践的一个展望。

参考文献

陈波，2014. 碳交易市场的机制失灵理论与结构性改革研究 [J]. 经济学家（1）：32-39.

过祖源，1973. 节约用水与环境保护 [J]. 环境保护（1）：18-20.

蓝虹，2005. 环境产权经济学 [M]. 北京：中国人民大学出版社.

李虹，熊振兴，2017. 生态占用、绿色发展与环境税改革［J］. 经济研究，52（7）：124-138.

李岩岩，2016. 我国碳税税率设计及福利效应研究［D］. 南京：南京航空航天大学.

刘东生，1973. 环境污染与环境保护［J］. 环境保护（1）：21-27.

刘建梅，2016. 经济新常态下碳税与碳排放权交易协调应用政策研究［D］. 北京：中央财经大学.

孙筱祥，1973. 城市绿化对环境保护的作用［J］. 环境保护（1）：28-33.

田永，2014. 碳金融交易平台价格形成机理与实践探索［J］. 价格理论与实践（9）：113-115.

王红艳，田永，桂雄，2018. 开征环境保护税对企业排污权交易和财税管理的影响［J］. 经济师（9）：40-41.

杨志宇，2016. 欧盟环境税研究［D］. 长春：吉林大学.

第三章 开征环境保护税对排污权交易和企业财税管理的影响

本章摘要：在《中华人民共和国环境保护税法》实施的背景下，从我国环境保护税由"费"改"税"的发展历程出发，探析环境保护税由"费"改"税"以后对企业带来的影响、对排污权交易的影响、对碳排放权交易的影响、对碳税的影响，并在此基础上，提出了企业财税管理中应对环境保护税实施的企业发展战略、生产优化措施，以及人力资源素质提升、税收筹划和排污权交易协同对策。

关键词：环境保护税　财税管理　排污权交易　碳排放交易　碳税

第一节　我国环境保护税由"费"改"税"的立法过程

环境保护税是指依据《中华人民共和国环境保护税法》，在我国领域和管辖的其他海域，对直接排放应税污染物的企业和其他生产经营者征收的一种间接税。环境保护税是对大气污染物、水污染物、固体废物、噪声四类主要污染物的100多种主要污染因子征税，以减少企业污染物排放，保护和改善环境，推进生态文明建设。应税大气污染物、水污染物、固体废物的应纳税额以各污染物的污染当量数乘以具体适用税额；应税噪声的应纳税额为超过国家规定标准的分贝数对应的具体适用税额。

在《中华人民共和国环境保护税法》生效之前，排污收费制度担当着我国环境保护的重要角色。1982年2月5日出台的《征收环境排污费暂行办法》，明确指出一切企业、事业单位，都应当执行国家颁布的《工业"三废"排放试行标准》，对超标排放污染物的企业和事业单位，要征收排污费；对其他排污单位，要征收采暖锅炉烟尘排污费。随后，《中华人民共和国大气污染防治法》《中华人民共和国环境噪声污染防治法》《中华人民共和国水污染防治法》《中华人民共和国固体废物污染环境防治法》等法律先后生效。国务院2003年1月2日颁布的《排污费征收使用管理条例》与《征收环境排污费暂行办法》相比，收费标准实现了四大转变：超标收费向排污收费转变；单一浓度收费向浓度与总量相结合的收费转变；单因子收费向多因子收费转变；低收费标准向高于治理成本的收费转变。"十一五"以来，我国经济高速增长，"三废"排放总量高位运行，环境保护和防治压力增大，环境资源承载能力不堪重负。由于排污费制度法律位阶低，自由裁量伸缩性强，地方政府追求经济指标急功近利、透明度不够等原因，排污收费制度运行效率难以解决企业逐利与社会环境的协调发展的矛盾。2007年开始开展"开征环境税"问题研究。2013年11月中共十八届三中全会以来，资源税改革，环境保护"费"改"税"步入快车道，2016年12月25日，《中华人民共和国环境保护税法》历经两次审议，终获表决通过，2018年1月1日开始施行。

第二节　环境保护税实施后对企业排污权交易的影响

一、环境保护税实施后对企业排污权交易的影响

从环境保护税税目、排污费征收对象来看，目前的环境保护税仅仅是排污费制度的平移，其目的是节能减排。

排污权交易机制，是在全球范围内被广泛认可的能达到成本节约与污染治理双重红利的环境治理市场化工具。它与环境保护税最大的区别在于：前者是污染排放的市场化定价机制；后者是污染排放的政府定价机制，限制污染物排放"费"改"税"后，上升到了法律高度，体现出环境保护征税的强制性、无偿性和固定性的税收特征，结束了过去"一手缴费，一手排污"的环境保护政府"收费"时代。

开征环境保护税机制与排污权交易机制不存在互替效应。前者是政府定价

机制，定价不定量；后者是市场定价机制，限量不限价。排污权交易机制萌芽于 2001 年 9 月，2003 年开始跨区域交易。2007 年 11 月第一个排污权交易中心落户于浙江嘉兴，现排污权交易中心已遍布全国，并且进一步规范、活跃，开始进入成长期。

二、环境保护税开征后对碳税和碳排放权交易的影响

我国环境保护税没有将约束温室气体排放纳入其中。短期来看，环境保护税开征，实际上是"费"改"税"，控制的是污染物排放；碳税和碳排放权交易，控制的是温室气体排放的"温室效应"。开征环境保护税，对碳排放权交易没有太大影响，对碳税逐步纳入立法程序有长远的正向影响。因为目前，已有丹麦、瑞典、挪威、葡萄牙、墨西哥、爱尔兰、冰岛、荷兰、芬兰、波兰、爱沙尼亚、斯洛文尼亚、智利、拉脱维亚等国家开征碳税（田永，2017）。虽然 2013 年 6 月 18 日以来我国深圳、上海、北京、广东、天津、湖北、重庆、福建八个地区（四川联合交易所实行非强制控排的自愿交易），对能耗万吨（或 0.5 万吨）标煤的重点企业进行了不同程度的碳排放市场定价—碳排放权区域性交易试点，市场交易的活跃性、广泛性、有效性相当有限。2013 年 6 月 18 日至 2018 年 5 月 18 日的近五年时间，全国各大碳市场配额成交量总量达 18 523.80 万吨二氧化碳当量，累计成交额为 37.72 亿元[1]。从成交金额看，五年国内碳市场配额成交总额，相当于近期国内股票市场低迷期一天成交量的 1/10。用碳税的政府机制和碳交易的市场机制"联手"减少温室效应，是大势所趋。

值得一提的是，由于美国退出《巴黎协定》等主客观因素，2017 年 12 月 19 日启动的电力行业全国统一碳排放权交易机制，在 2020 年才实现实际交易，且控排仅仅在电力行业能耗较大的企业，分布在全国更多地区、更多行业数以亿计的高能耗、高排放、高污染中小企业并未纳入碳排放权交易试点的市场定价机制中来。"到 2020 年，单位 GDP 二氧化碳排放将比 2005 年下降 40%～45%；到 2030 年左右二氧化碳排放达到峰值，非化石能源占一次能源的消费比重提高到 20%"的国际承诺目标任重道远。从丹麦、日本、美国等国的环境治理经验来看，未来将二氧化碳作为环境保护税的税目或单独向企业开征碳税甚至碳关税，

---

① 数据来源：深圳排放权交易所（上网查询时间：2018 年 5 月 19 日）。

或将成为我国二氧化碳排放的政府定价手段。

第三节　环境保护税实施后对企业财税管理的影响

一、对排污数据采集、计税依据和流程再造的挑战

环境保护税开征后，纳税申报时采集排污数据的要求与过去存在较大的不同，需要向税务部门报送应税污染物（包括固体废物、大气污染物、水污染物和噪声）的定量数据。这些数据必须是可监控的，更涉及企业监测污染物途径、企业污染物排放口的设定位置、企业向环境排放污染物的方式，甚至还涉及企业半成品生产、产成品生产和储运、原材料采购、财务收支和核算等。数据采集贯穿企业产品的全生命周期，该项工作的全面开展需要多部门联动，其对企业生产经营流程再造会产生较大的影响甚至挑战。

二、在财务支出规模和结构上形成了财务指标的重构

在开征环境保护税之前，执行《企业会计准则》的一般纳税人，排污费应记入"管理费用"科目；执行《小企业会计准则》的小规模纳税人，排污费应记入"税金及附加"科目。对一般纳税人来说，环境保护费改税，不仅在数量上有变化，结构上也是一种财务指标的重构。以前一般纳税人支出的是费，而今支出的是税，这是质的改变，是财务支出科目的重构，表现为管理费用支出的减少、税收支出的增加；环境保护税的税额支出计入"税金及附加"科目，其纳税支付直接影响着企业的利润。一般纳税人最终的净利润，会随排污费改为环境保护税后实际支出金额增、减而减、增。影响最大的是一般纳税人的毛利率。就绝对值来讲，即便费、税金额一分钱没变，都是排污费与环境保护税 100 万元，从而会形成管理费用 100 万元的成本减少、环境保护税 100 万元的税负增加。从全国来看，这种成本减少和税负增加对统计口径的影响很大，因为 2018 年第一季度是首个环境保护税征期，全国共有 24.46 万户纳税人进行了纳税申报，申报税额共计 66.6 亿元，扣除减免情形，实际应纳税额为 44.6 亿元。总体看，2018 年第一季度比 2017 年第一季度的排污费有所增长，说明企业的经营成本在加大。但同时存在诸多不可比因素，例如 2017 年

环保部（现生态环境部）收费的计费周期、收费时段、标准、依据、收费和征税的基础等。另外，企业进行税务处理时，各污染物的污染当量和分贝数的获取，不论是企业自己检测、委托检测机构检测，还是采用排污系数和物料衡算法计算均会造成企业人力、物力成本的增加。

三、企业拖欠费、税的违章性质不同

环境保护税开征后，环境保护上升到税法层面，克服了之前排污费收费制度法律层级较低、收费过程易受各方干预、执法刚性不足、拖欠只属于违规等缺陷。一方面，企业若不履行纳税义务，就违反了税法，面临罚款、加收滞纳金等资金损益风险，直接影响到企业的现金流；情节严重的，会受到刑法约束。另一方面，原来的排污费制度是各地环保局开单，排污企业缴费。现在环境保护税的实施要求企业申报、环保监测、税务征管，三者的相关数据信息比对严格一致，生态环境部也推出了全国排污许可证管理信息平台。通过平台，全国排污企业排放口、固定污染源排污许可信息、排污数量情况、防治措施、排放形式等均可实现互联网查询。在征税系统方面，税务机关还实现了与金税三期税收管理系统（环境保护税）的对接，为环保、税务、社会公众的监督提供了精确、高效、简便的信息化管理模式，企业不履行环境责任的信誉损失风险也在加大。

第四节　环境保护税实施后企业财税管理的应对策略

一、将环境管理纳入企业发展战略

在经济转型升级新常态下，环境保护已经成为企业提升竞争力、实现高质量发展的重要因素之一，企业必须将环境管理纳入企业发展战略。一是充分利用宣传专栏、宣传横幅、环保专题教育培训会议等，加大对《中华人民共和国安全生产法》《中华人民共和国环境保护法》《中华人民共和国环境保护税法》等法律法规的宣传，在全体员工心中树立"绿水青山就是金山银山"的绿色发展理念，增强全员环保意识。二是成立环境管理相关机构，负责执行国家环保法律法规，统筹企业环境管理战略部署，分解环保管理职责，监督和考

核环保工作。三是完善环保内部控制制度，制定环境保护组织机构与职责管理制度、污染物检测管理制度、环保教育培训管理制度、环保检查与隐患治理管理制度、环保事故应急处置预案制度等，确保环保经营活动的有效实施。

二、优化生产，推动环境保护

环境保护税的计税依据是污染物的种类、污染当量数或分贝数，其数额的大小直接取决于企业生产过程。首先，应对产品原材料、能源、动力等做优化选择。在产品生产过程中，应改进现有生产工艺和装置，引入清洁生产，定期对各排放口进行监测，落实生产废物贮存的现场进出台账记录，积极探索"三废"的循环利用。另外，企业也可选择向依法设立的污水集中处理、生活垃圾集中处理场所排放应税污染物，在符合国家和地方环境保护标准的设施、场所贮存或者处置固体废物，以履行环境保护义务。

三、提升财税人员素质

环境保护涉及企业的人、财、物，是一项系统工程，贯穿企业生产的全过程，对于实现企业的经济效益和环境效益协调发展，财税人员的专业素质具有重要的推动作用。一是提升环境应变能力，积极学习环境保护税相关知识和业务技巧，按税务部门的要求进行会计处理、纳税申报和税费缴纳，降低企业纳税风险。二是深入生产现场，掌握企业现有生产工艺和污染排放情况，建立生产指标、成本利润指标等关键绩效指标，为环境保护投融资决策提供参考。三是在污染物检测、环保设备投入、生产工艺改造等决策中，应避免追求短期利润，同时关注企业未来的竞争力和环境的可持续性。

四、进行环境保护税税收筹划

税收的无偿性决定了企业税额的支付是资金的净流出，在税法允许的范围内，进行环境保护税的税收筹划可以减少企业的税收成本，提高资金利用率。企业应掌握相关税收政策，进行纳税筹划。例如，纳税人应税大气或水污染物排放浓度值低于规定标准 30% 的可以减按 75% 来纳税；纳税人排放浓度值低于规定标准 50% 的减按 50% 来纳税；纳税人综合利用的固体废物，符合国家和地方环境保护标准的，暂予免征环境保护税。另外，应加强与税务机关的联系，保证对国家和地方税收政策变动、税务机关工作程序、税收筹划点的及时把握，提高企业的反应灵敏度和应对能力，合理进行风险规避。

五、建立环境保护税税收筹划和排污权交易的协同机制

环境保护税的净利润成本效应具有一定的固定性；排污权交易的损益在市场机制驱动下具有不稳定性和风险性。针对企业产品的市场需求、利润率也存在上下波动的特征，建议企业在实施财税管理测量时，建立环境保护税收工具和排污权交易市场工具的协同作用机制：在企业产品市场疲软期、利润低迷期，可以考虑降低生产量，将节约的排污权拿到排污权交易市场变现；在企业产品供求饱和期、利润平缓期，采用环境保护税的单一税收工具；在企业产品市场需求旺盛期、高额利润期，可以考虑增加生产量和排污量，超过基准线的短缺量，可以在排污权交易市场买进排污权，实现排污权资源配置帕累托最优状态下的污染物排放"市场化达标"模式。

参考文献

申焕婷，2018. 浅谈中国开征环境保护税的配套措施［J］. 价值工程，37（5）：13-15.

施正文，叶莉娜，2015.《环境保护税法（征求意见稿）》若干重要立法问题探讨［J］. 环境保护，43（16）：26-30.

田永，2017. 美国退出《巴黎协定》与全球碳定价机制实践的宏观解析［J］. 价格理论与实践（10）：10-33.

许文，2015. 环境保护税与排污费制度比较研究［J］. 国际税收（11）：49-54.

张晓，2016. 我国应对气候变化的碳税立法模式研究［D］. 重庆：西南政法大学.

第四章 环境保护价格机制

本章摘要：改革开放 40 多年来，中国始终坚持保护环境、节约资源。其间，规范化、常态化的环境保护价格工具主要包括限制污染物排放的排污费价格工具、排污权交易市场价格工具、碳排放权交易市场价格工具和环境保护税绿色税收价格工具。本章介绍了这四大环境保护价格工具的运用经验和发展演变情况，提出了借力价格工具打好当前污染防治攻坚战、助推未来环境保护改革再出发、探索核心的环境保护价格新机制、构建环境保护人类命运共同体四方面的建议。

关键词：环境保护　环境保护税　排污费　排污权交易　碳交易　碳税

习近平总书记在庆祝改革开放 40 周年大会上指出，40 年来，我们始终坚持保护环境和节约资源，坚持推进生态文明建设，节能减排取得重大进展，生态环境治理明显加强。价格是经济运行的核心，以经济建设为中心的改革开放，能够取得经济快速增长和环境有序保护的"两难"成果，得益于我国正确运用了各种环境保护价格工具。我国 1982 年依法运用限制污染物排放的排污费价格工具，该价格工具 2017 年 12 月 31 日完成历史使命被环境保护税绿色税收价格工具所替代。依据《京都议定书》清洁发展机制和国际碳排放权市场价格工具，我国 2005 年开始向发达国家出售核证减排量，2008 年开始实施国内零星交易，2011 年启动试点碳市场工具，2013 年正式上线交易，2017年启动全国统一碳市场。2007 年我国开始使用的排污权交易工具，至今处于区域试点状态。关于排污费工具派生出来的污染物排放罚款和环保产业、产品、项目补贴等价格矫正、纠偏价格工具以及没有数据支撑的生态补偿等价格工具，不在本章的讨论范围之内。

本章分析了排污费、碳交易、排污权交易、环境保护税四种规范化、常态化环境保护价格工具的运用经验和发展演变情况，并提出了借力环境保护价格工具打好当前污染防治攻坚战、完善和创新助推价格改革再出发的环境保护体制机制、探索环境保护价格形成机制和运行调控机制、构建环境保护人类命运共同体的对策建议，这对于新时代环境保护价格体系的建立具有重要意义。

中国的环境保护价格工具，始于新中国成立前夕政府对农村植树造林给予鼓励和价格补助的政策，中国由此掀起"植树造林，绿化祖国"的热潮。但真正上升到价格工具层面，中国的环境保护价格工具应该始于排污费政策工具。

第一节　环境保护顶层设计和早期价格机制

排污费是我国较早的环境保护价格工具，其顶层设计与 1973 年的环境保护工作顶层设计相通相融，1978 年完成调研，1979 年进入法制化建设程序，1982 年 7 月开始运行。自运行以来，排污费逐步发展为中国价格改革中程序最为规范的财税价格工具——中国第一个环境保护政府定价绿色税法工具。在运行 34 年零 6 个月后，排污费于 2017 年 12 月 31 日完成历史使命，退出历史舞台。

一、环境保护价格机制顶层设计和价格机制的启动

环境保护价格机制顶层设计的原始起点，可以追溯到 1973 年 8 月 5—20 日的第一次全国环境保护会议。此次会议确定了著名的 32 字环境保护工作方针：全面规划，合理布局，综合利用，化害为利，依靠群众，大家动手，保护环境，造福人民。1973 年 8 月 29 日我国出台了《关于保护和改善环境的若干规定（试行草案）》，这是我国第一部环境保护法规，我们可以将其解读为我国环境保护工作法规的原始起点。

《关于保护和改善环境的若干规定（试行草案）》第四条、第八条明文规定：污染特别严重的单位和产品，经过报批可以停产，对于综合利用工业"废渣、废气、废水"的企业，在"税收、价格上适当给予照顾"。我们可以将其解读为我国环境保护价格政策工具的早期启动。

《关于保护和改善环境的若干规定（试行草案）》最后规定：当年的卫生部门和当时的国家环境保护部门制定环境保护卫生标准和污染物排放标准。这些标准连同 1973 年出台的配套法规《关于加强全国环境监测工作的意见（讨论稿）》《自然保护区暂行条例》和《工业"三废"排放试行标准》，可以解读为我国环境保护价格工具中排放标准和监测数据统计规范化的原始起点。

我国于 1973 年加入联合国环境规划署理事会，成为联合国第 58 个理事国成员。1974 年 5 月，国务院环境保护领导小组正式成立。随后，我国逐步在国务院和全国各省（自治区、直辖市）建立了环境保护机构，许多地（市）级以上城市和大中型企业设置了环保工作机构或专职人员。这些可以解读为引导我国环境保护及其价格工具管理的组织机构的原始起点。

二、环境保护价格机制的调研论证和法律起草

排污收费的目的是减少污染物排放。国务院环境保护领导小组成立以后，开展了大量的调查研究工作：1974 年 10 月提出"五年控制，十年基本解决污染问题"的目标，草拟《中华人民共和国环境保护法》上报国务院并提交全国人民代表大会。国务院环境保护领导小组办公室于 1978 年 10 月形成《环境保护工作汇报要点》并报请国务院提交中共中央。1978 年 12 月 31 日中共中央向各省、自治区、直辖市和各部委党委党组批转的《环境保护工作汇报要点》共分三个部分：一是 1973 年第一次环境保护工作会议以来我国环境保护工作的开展情况；二是工业和生活窑炉烟尘、工业"三废"、农药、开垦等七个方面的环境污染情况；三是"狠下决心把环境保护工作搞上去"，包括四项目标和需要解决的十个方面的问题。其中，四项目标是：控制和治理工业污染、改善城市环境、治理水域污染、防止食品污染。十个方面的问题为：将环境保护纳入国家经济管理轨道，推行对工业"三废"综合利用的奖励，严格执行"三同时"控制新污染源的产生，加强城市环境管理，把环境保护作为企业管理的重要内容，制定环境保护法令和条例，发动群众对环境污染进行监督，加强环境监测和环境科学研究，环境保护战线深入学大庆，整顿和加强各级环境保护管理机构。

《环境保护工作汇报要点》与环境保护价格政策相关的内容主要体现在三个层面。一是宏观层面，即环境保护价格体制机制的构建。《环境保护工作汇报要点》明确提出了"实行排放污染物收费制度"的价格机制，具体收费办法授权"环保部门会同相关部门确定"。这是我国环境保护价格机制在调研论证书中的原始表述和后来实施排污费价格工具的雏形。二是中观层面，即国家重大项目"宁可少上"的价值成本和重要城市环境改善成本支付。《环境保护工作汇报要点》提出"宁可少上几个基本建设项目，也要先把污染治理好""四十九个城市工商业利润提成拿出一部分用于改善城市环境"等。三是微观层面，即环境保护资源价格政策。《环境保护工作汇报要点》要求银行、财政局、物资局、商业局、劳动局在资金贷款、补贴、税收、价格、材料、销售、劳动力方面，奖励企业综合利用废水、废气、废物，属于计划经济时代利用价格工具驱动微观主体推进环境保护的举措（国家环境保护总局 等，2001）。

1978 年 12 月 13 日，邓小平同志在中共中央工作会议闭幕会上指出：制定"环境保护法"等法律很重要，可以避免国家领导人更替带来的"非理性决策"政策变动。1978 年 12 月 31 日，中央批转《环境保护工作汇报要点》，同意国务院及各部门、各省（自治区、直辖市）依法实施。1979 年 9 月 13 日第五届全国人大常委会第十一次会议通过了《中华人民共和国环境保护法（试行）》，该法于当日生效并成为我国第一部绿色法律。该法明确规定：企业污染环境的废气、废水、废渣排放必须执行国家标准；超过国家标准，应按照污染物排放数量和浓度，收取排污费。

第二节　排污费环境保护价格机制的运行

一、排污费环境保护价格机制的依法运行

《中华人民共和国环境保护法（试行）》生效为价格工具助推环境保护提供了法律依据。中国经济发展在改革开放政策驱动下进入第一个调整期。国务院于 1981 年 2 月 24 日专门颁发文件《关于在国民经济调整时期加强环境保护工作的决定》，要求在国民经济调整时期，对超过国家标准排放污染物的企业征收排污费。1982 年 2 月 5 日，国务院直接发布《征收排污费暂行办法》，从 1982 年 7 月 1 日实施。《征收排污费暂行办法》规定了缴费主体及标的物、征费时间和标准、排污费使用和监督、排污费列支等详细条款。《征收排污费暂行办法》成为《中华人民共和国环境保护法（试行）》价格工具的具体运

转机制。1983 年 7 月 21 日，原城乡建设环境保护部根据《中华人民共和国环境保护法（试行）》颁发《全国环境监测管理条例》，确定了四级环境监测站各级的环境监测范围、人员编制，标志着关于我国环境保护价格工具运用的排放、标准、计量、监督体系更加完善。

排污费工具的运用不是为了收费而是为了环境保护。1983 年 12 月召开的第二次全国环境保护会议强调排污费工具的执行效度，国务院于 1984 年 5 月 8 日做出排污费缴后 80%用于治理补贴等专款专用的详细规定。1988 年 7 月 28 日，国务院发布《污染源治理专项基金有偿使用暂行办法》，强化排污费使用的环境保护效果。该办法与 1982 年 7 月 1 日开始实施的《征收排污费暂行办法》具有相同等级的法规效力，共十九条，规定专项基金从政府收取的排污费中提取 20%～30%和历年没有用完的排污费进行有偿使用，要求排污费实行收支两条线，提高了排污费工具的目标达成度。

二、排污费法规由暂行"转正"

1989 年 12 月 26 日，第七届全国人大常委会第十一次会议通过了《中华人民共和国环境保护法》。排污费工具的法律依据由"试行"依法"转正"。2002 年 1 月 30 日国务院通过《排污费征收使用管理条例》，于 2003 年 7 月 1 日替代《污染源治理专项基金有偿使用暂行办法》和《征收排污费暂行办法》。该条例共计六章二十六条，包括了排污费征收和使用管理的强化、减排达标和污染物处理合规不再交费、排污费一律上缴财政、征费标准由国务院价格主管部门等四个部门联合制定等内容，明确了征费法律依据包括《中华人民共和国环境保护法》《中华人民共和国海洋环境保护法》《中华人民共和国大气污染防治法》《中华人民共和国固体废物污染环境防治法》《中华人民共和国水污染防治法》《中华人民共和国环境噪声污染防治法》，规定了减、缓、免征的程序、情形和骗取减、缓、免征的处罚等。

三、排污费向环境保护税的改革过渡

党的十八大以后，排污费开始向环境保护税过渡。2014 年 4 月 24 日，第十二届全国人大常委会第八次会议通过了《中华人民共和国环境保护法》（修订案）。该法于 2015 年 1 月 1 日起施行，规定排污费全部用于环境污染防治，不得挤占、截留、挪用。其中"缴费主体依法解缴环境保护税的，不再缴纳排污费"，隐含着排污费财政工具向环境保护税税收工具的过渡。为了促进排污费机制的有效运行，国家发展改革委与财政、环保部门，以"发改价格〔2014〕2008号"文件出台了《关于调整排污费征收标准等有关问题的通知》，以"发改价格〔2015〕2185号"文件出台了《关于制定石油化工包装印刷等试点行业挥发性有机物排污费征收标准等有关问题的通知》，要求扩大排污费收费范围、提高排污征费标准、实行差别收费、促进企业减排、监测检查监督、开展挥发性有机物排污收费试点。2015年10月12日，中共中央和国务院在"中发〔2015〕28号"文件《中共中央 国务院关于推进价格机制改革的若干意见》中提出逐步形成污染物排放主体承担的支出高于主动治理成本、完善环境服务价格政策的减排定价机制（胡祖才，2016）。

第三节　碳交易价格机制的运行

我国使用碳交易工具的实践首先是2005年根据《京都议定书》清洁发展机制参与国际碳交易，继而是2013年国内区域试点碳市场上线交易，接下来是2017年启动全国统一碳交易市场。

一、国际碳市场价格机制的运行

国际碳交易市场的"宪法"是1992年6月通过、1994年3月21日生效的《联合国气候变化框架公约》，阶段性减碳工具是1997年12月11日通过、2005年2月16日生效的《京都议定书》。英国、美国（芝加哥、州际区域）、欧盟、澳大利亚、新西兰、日本（区域）、哈萨克斯坦、瑞士、韩国、乌克兰等国家和地区的碳定价市场机制先后运行。芝加哥气候交易所的企业减排联盟停运，澳大利亚交易机制中止尚未恢复，美国先后退出《京都议定书》和《巴黎协定》……全球减碳工具存在的问题不少，需要借力《巴黎协定》并促使其从2020年起替代《京都议定书》，才能助力全球减碳工作有效开展。

京都减碳机制基于"共同但有区别的责任原则"，主要有三大市场交易机制：发达国家与发展中国家之间基于项目减排的清洁发展机制（CDM）、发达国家与转型国家之间的减排联合履约机制（JI）、发达国家之间的减排贸易机制（ET）。《京都议定书》生效前的2003年，欧美碳交易平台就有期货、期权交易，配额一经发放就有现货交易，市场交易一度活跃，价格历经了"过山车"式的暴涨暴跌。以欧盟碳交易市场为例。碳配额现货每吨价格 2005 年为 21 欧元，2007 年接近 130 欧元，2017 年 8 月 23 日跌至 6 欧元，2018 年 11 月 26 日回升到 19.83 欧元；欧盟碳市场这 4 个时间节点的核证减排量价格分别是每吨 16 欧元、28.8 欧元、5.93 欧元、0.27 欧元①。

二、我国在清洁发展机制框架下参与国际碳交易机制

我国参与国际碳交易始于 2005 年基于《京都议定书》清洁发展机制的内蒙古辉腾锡勒风电场项目。该项目 2005 年 3 月 10 日获国家发展改革委批准，2005 年 6 月 26 日在联合国注册。项目业主是内蒙古龙源风能开发有限责任公司，国外合作方是荷兰 SenterNovem；减排类型是新能源和可再生能源。估计年减排量为 223 000 吨二氧化碳当量，截至 2017 年 9 月 20 日的数据更新，已实际签发 878 240 吨二氧化碳当量。2005 年 7 月 13 日和 10 月 18 日，南京天井洼垃圾填埋气发电项目、湖南渔仔口小水电项目获批，国内业主分别为南京绿色资源再生工程有限公司和汝城县渔仔口水电有限责任公司，国外合作方均为英国 EcoSecurities Group Ltd，注册时间均为 2005 年 12 月 18 日。我国 2006 年有 33 个项目注册，2007 年注册项目数量呈井喷式增长。在世界银行等项目开发机构的有偿支持下，我国积极参与应对气候变化的全球碳市场项目合作，持续向欧盟等国际减排市场提供核证减排量（CER）。截至 2018 年 9 月 1 日，5 074 个清洁发展机制项目获国家发展改革委批准，其中 3 807 个项目在联合国注册，1 557 个项目获签核证减排量，生产了全球累计最多的 CER，为发达国家提供可履约《京都议定书》的核证减排量达 59.3 亿吨二氧化碳当量，占全球 CER 总量 188.94 亿吨二氧化碳当量的 31.39%。

三、国内碳交易和区域试点碳市场价格机制的运行

2008 年 8 月、9 月期间，上海、北京、天津碳交易平台先后成立；2009 年 6 月，广州环境资源交易所开始运营；2009 年 8 月，绿色奥运碳路行动，将 8 895 吨二氧化碳减排量指标，以保险形式，从中国太平保险购买 28 万元碳保

---

① 本章数据除特别标注外，均系作者引自深圳排放权交易所、湖北碳排放交易中心、国家发展和改革委员会应对气候变化司主办的《中国清洁发展机制网》数据库。

险，在北京环境交易所成交履约；2010年中国国航在北京环境交易所自愿商业化履约，成功探索从北京飞行广州的单一航班"碳中和"；2011年3月，方兴地产公司以每吨60元的价格，购买了16 800吨二氧化碳当量的"熊猫标准"的自愿碳减排量（田永，2014）。四川联合环境交易所是我国经国家发展改革委备案的唯一自愿性碳交易平台。

2011年11月，国家发展改革委批准深圳、上海、北京、广州、天津、湖北、重庆7个地区设立碳交易市场。深圳碳排放交易所、上海环境能源交易所、北京环境交易所、广州碳排放权交易所、天津排放权交易所、湖北碳排放交易中心、重庆碳排放交易中心分别于2013年6月18日、2013年11月26日、2013年11月28日、2013年12月19日、2013年12月26日、2014年4月2日、2014年6月19日上线交易。

2016年11月，国家发展改革委又审批了福建海峡产权交易所。截至2018年8月18日，已有3 000多家重点排放企业纳入8个（四川系自愿交易市场机制）区域试点碳减排交易机制，配额累计成交量为18 523.80万吨，成交额为37.72亿元。各个地区纳入配额管理单位，5年时间履约率完全达到或基本接近100%。

在所有试点市场中，成交量和成交额暂时领先的是湖北碳排放权交易中心。该中心2014年4月2日上线交易以来的成交总量（额）为32 964.6万吨（748 040.1万元），在试点市场的交易量（额）占比为42.30%（66.7%）。自身市场产品现货远期交易量（额）、协商议价交易量（额）、定价转让交易量（额）、一级拍卖交易量（额）、CCER交易量（额）分别为258 233 000吨（113 301 267.29元）、56 237 753吨（1 139 887 627.3元）、8 316 810吨（113 301 267.29元）、2 000 000吨（40 000 000元）、4 858 516吨（0元），结构占比分别为78.34%（82.71%）、17.06%（15.24%）、0.61%（1.51%）、（0.53%）、1.47%（0）。学界呼吁的全国统一碳排放权交易市场（田永，2014），于2017年12月18日宣布启动，2019年开始模拟交易，2021年7月16日上线交易。

第四节　排污权交易价格机制的运行

我国排污权交易价格机制试点，始于 20 世纪 80 年代中后期开始建立的排污许可证制度。1987 年上海试行许可证制度的总量控制，对黄浦江沿江 60 多家企业实行了化学需氧量总量控制指标排污权有偿转让，排污交易次数达到 30 余次。2001 年 4 月，美国环境保护协会与原环境保护部签订了《推动中国二氧化硫排放总量控制及排放交易政策实施的研究》项目，在一些地区进行排污权交易市场的试点工作，实质性地带动了排污权交易市场减排机制在我国的萌芽。2001 年 9 月，江苏南通天生港发电有限公司与江苏南京醋酸纤维有限公司进行了二氧化硫排污权交易，并在 2001—2007 年持续交易二氧化硫排污权 1 800 吨。2003 年，江苏太仓港环保发电有限公司与江苏南京下关发电厂进行了二氧化硫排污权异地交易。2007 年 10 月 23 日注册登记的浙江省嘉兴市排污权储备交易中心是我国第一个排污权交易市场机构，主要经营范围是化学需氧量和二氧化硫储备、交易服务。

2014 年以后，我国加快了排污费价格工具改革步伐，出台了一系列排污权交易工具的专题政策。2014 年 8 月 6 日，国务院办公厅下发《国务院办公厅关于进一步推进排污权有偿使用和交易试点工作的指导意见》（国办发〔2014〕38 号），指导推进排污费的收支、交易价格管控；2015 年 10 月 12 日，中共中央、国务院出台《中共中央国务院关于推进价格机制改革的若干意见》（中发〔2015〕28 号），高屋建瓴地提出了排污权交易价格工具的顶层设计；2015 年 10 月 1 日，财政部、国家发展改革委、原环境保护部联合下发《排污权出让收入管理暂行办法》。

截至 2017 年 8 月，国家批复的试点地区通过排污权有偿使用减排机制收取的排污费总金额为 73.1 亿元；排污权交易市场机制下，由企业在中介市场平台自愿交易，形成二级市场价格，国家批复的试点地区通过排污权市场交易的交易金额为 61.7 亿元，自行开展交易试点的各地总交易金额只有 5 亿元。国内已建立包括上海环境能源交易所、北京环境交易所、天津排放权交易所等一级环境交易所，另有 10 余家已挂牌成立的环境权益类交易所和 20 余家专业性环境交易所。到 2018 年 12 月，全国已有 30 个排污权有偿使用和试点交易机构，其中 18 个属于各地自行开展的试点交易机构，12 个（含青岛市）经由财政部、国家发展改革委和原环境保护部审批、运行。

第五节　环境保护税绿色税收价格机制的运行

2017 年 6 月 26 日《中华人民共和国环境保护税法实施条例》开始征求意见，2018 年 1 月 1 日与《中华人民共和国环境保护税法》同步实施，运行 36 年的排污费环境保护价格工具，"平移"为绿色税收环境保护价格工具。《中华人民共和国环境保护税法》、《中华人民共和国环境保护税法实施条例》、《海洋工程环境保护税申报征收办法》（国家税务总局公告 2017 年第 50 号，与国家海洋局联合发布）、《环境保护税纳税申报表》（国家税务总局公告 2018 年第 7 号）共同构成环境保护税申报、征收实践的政策依据，对全国范围内的大气污染物、水污染物、固体废物和噪声四大类、117 种主要污染因子进行征税，2018 年前三个季度有 76.4 万"户次"纳税人进行了 218.4 亿元的环境保护税税额申报，其中减免环境保护达标征税主体税额 68.6 亿元，减免占比为 31.30%，从国家、省市、基层 3 个层面观察，自实施以来，运行平稳，效果良好。

第六节　政策建议

综上所述，排污费、排污权交易、碳交易、环境保护税四大环境保护价格工具自改革开放以来从萌芽到运行、改革、创新的经验，为经济增长与环境保护协同推进打下了坚实的基础。改革没有终点，进一步的价格工具驱动环境保护改革建议从四个方面切入。

一是打好污染防治攻坚战。环境污染防治作为党的十九大提出的三大攻坚战之一，充分利用好价格"子弹"，是打好这一战役不可忽视的一个环节，其中的重点在于把握好绿色税收价格这个核心。根据 2018 年环境保护税价格工具驱动环境保护的实际效果，结合经济运行低迷期的减税降费价格工具运用，在依法征收环境保护税时尽量按下限入库；在适用环境保护税减免政策时尽量按上限减免。在排污权配额和碳配额清缴时，尽量给控排企业留出更多的自主选择，做好全国统一碳市场的模拟运行和上线交易。

二是环境保护价格改革再出发。改革只有进行时，没有完成时。改革开放四十多年来，环境保护价格工具虽然历经从无到有的演变，取得了举世瞩目的改革成果，但是面对新时代、新机构、新挑战、新机遇，需要站在新起点，推动环境保护价格工具新改革。在环境保护税方面，用三四年时间观察减排效果，总结经验教训，在《中华人民共和国环境保护税法》实施五年后的2023年左右依法进行一次修订。在排污权交易机制方面，扩大试点范围，筹备全国统一排污权市场建设。在碳交易方面，探索"温室气体排放权交易条例""温室气体排放权交易法"等相关法律法规的制定，注意《巴黎协定》减碳价格新机制与国内外碳交易价格机制的联动、借鉴、互通、互认，探讨碳税价格机制的框架设计。

三是探索中国环境保护价格形成机制、运行机制、调控机制。稳定污染物排放的环境保护税政府价格形成机制；结合前两条建议改革创新排污权交易价格的形成、运行、调控机制；碳交易市场和排污权交易市场逐步向拍卖价格机制和期货期权价格发现机制改革创新。

四是构建环境保护人类命运共同体。环境是全球公共品，保护环境需要世界各国共同参与。建议总结中国排污费、排污权交易、碳交易三种价格体系的实践经验，惠及发展中国家特别是南南合作国家，借助环境保护价格工具让人类命运共同体理念在全球环境保护公共品供给上落地。通过排污费税的政府价格工具、排污权交易和碳交易的市场化价格工具解析，助推环境保护及其价格工具改革创新再出发，探索新时代价格工具驱动"经济增长+环境保护"良性互动的实践模式。

参考文献

国家环境保护总局，中共中央文献研究室，2001. 新时期环境保护重要文献选编［M］. 北京：中央文献出版社.

胡祖才，2016.《中共中央国务院关于推进价格机制改革的若干意见》学习读本［M］. 北京：人民出版社.

田永，2014. 碳金融交易平台价格形成机理与实践探索［J］. 价格理论与实践（9）：113-115.

第五章　碳交易抵消机制与乡村振兴发展的关联

本章摘要：低碳农业可以为碳交易定价市场提供自愿减排量，从而实现"三农"发展的低碳转型和碳交易定价市场的核证减排量抵消机制供给。因此，有必要根据低碳农业和碳交易顶层设计思路，探明碳交易抵消机制与低碳"三农"的关联。本章在借鉴国际碳交易市场经验的基础上，阐释了中国农业碳交易现状，并研究了国际碳市场与农业 CER 项目的关联、中国农业 CER 项目与国际碳市场供给侧的关联、中国碳市场与中国农业 CCER 项目的关联，进一步构建了碳交易市场抵消机制与乡村振兴战略 20 字总要求之间的关联。

关键词：碳交易机制　乡村振兴　低碳农业　低碳农村　低碳农民

党的十九大报告提出了乡村振兴战略，其总要求是"产业兴旺、生态宜居、乡风文明、治理有效、生活富裕"。同时，在《乡村振兴战略规划（2018—2022 年）》中也明确了加快推进农业绿色发展、清洁生产的要求。在推进乡村振兴战略实施的过程中，要以绿色低碳发展为引领。在促进低碳发展的举措中，碳交易机制是用市场化的手段来促进社会主体自觉进行节能减排的有效举措。因此，可以在农业发展、农村建设的过程中，引入碳交易抵消机制，驱动"三农"低碳化发展。农业碳排放量虽然在三大产业占比中达到17%的份额，但在国际碳市场，碳交易的特征是：以衍生品交易为主，以配额现货交易为辅，以核证减排量（国际 CER 等或国内 CCER）为补。在国内碳市场，碳交易则以配额现货交易为主，以 CCER 为辅。一般情况下，农业碳交易属于 CER 或 CCER 范畴，必须批准成为项目并产生减排量，这样才能在碳交易主体购买之后抵消应该履约的不足配额，因而称为"抵消机制"。本章在借鉴国内外碳交易市场抵消机制实践经验的基础上，对低碳"三农"与碳交易抵消机制的关联性进行了研究。

第一节　相关研究文献评述

本章研究的"三农"碳交易，是指农业、农村、农民或涉农主体，通过碳排放权交易市场抵消机制卖出"三农"核证减排量，取得货币，实现低碳"三农"的市场化、商业化发展。学界已有研究成果可以归纳为碳金融与低碳农业及其互动、农业碳交易、碳排放权抵消机制、乡村振兴绿色低碳发展四个方面。

在碳金融与低碳农业及其互动方面，邹新阳（2011）提出：借助碳金融，农业可以通过清洁生产获得碳信用，形成可供碳交易的核证减排量；也可发行农业碳债券、创设农业碳衍生品和农村绿色信贷；低碳农业还可以与碳金融互动来建立低碳农业碳金融市场体系、组织体系、产品体系、政策体系。张艳等（2011）认为，碳金融可实现农业 CDM 项目碳资产质押贷款、金融服务和商业保险。赵俊英（2012）指出：自 2007 年以来，我国分批进行 42 个低碳省市试点的经验表明，低碳农业生产效率呈现震荡上升趋势。陈儒和姜志德（2017）认为包括碳交易机制在内的农业投入要素存在制约因素，农业低碳化没有得到有效发展。

在农业碳交易方面，付寿康（2018）以贵州六盘水市灰碳贫困和湖北恩施州绿碳贫困为碳贫困问题为研究案例，认为碳交易作为一种新的政策制度设计，能够以市场化的方式解决脱贫攻坚中政府难以解决的资源环境外部性问题，具体措施包括民族地区碳贫困责任共担、利益共享等。陈胜涛和朱福兴（2018）基于标准 CGE 模型观察农业碳排放权交易对我国农村经济发展的影响，发现其对农民收入、储蓄、粮食生产均有影响，并指出农业碳排放权交易，在实现农业环境保护、提升农产品品质的同时，会挑战传统农业生产方式，制约粗放式农业生产。

在碳排放权抵消机制方面，李卓和李晓芬（2015）分析指出，抵消机制是碳排放权交易体系的重要环节，抵消机制的运用将为控排主体履约提供更多灵活性，有助于增加市场流动性，提高控排主体之外的企业的参与程度。自愿减排项目是强制性碳排放交易制度的重要补充，提供了覆盖范围之外灵活履约的可行性。朱晓静（2016）研究指出，国内核证自愿减排量（CCER），是一种重要的履约补充机制，且具有成本低的优点，我国企业目前已经成功经历过CCER履约尝试。作为CCER项目发展中至关重要的一项，碳排放权抵消机制也在逐渐发展和完善，《温室气体自愿减排交易管理暂行办法》是我国目前发布的用于管理CCER交易的专门办法，各交易所也对CCER项目的交易和碳排放权抵消做出了具体规定，尤其是对碳排放权抵消比例做出了限制。潘晓滨（2018）分析指出，自愿减排项目是强制性碳排放交易制度的重要补充，并提供了覆盖范围之外灵活履约的可行性。

在乡村振兴绿色低碳发展方面，李佐军和俞敏（2019）指出，碳汇交易把绿水青山变为金山银山的直接途径，是乡村振兴、生态扶贫的重要内容。芦千文和姜长云（2018）提出，乡村振兴绿色发展需要借鉴国外低碳农业发展的市场化交易工具。不少学者，如郭晓鸣 等（2018）、张宇和朱立志（2019），认识到资源环境承载力逼近极限，高投入、高消耗、高污染的传统发展方式不可持续，推行农村绿色生产生活方式、绿色产业环境和绿色政策体系，建设绿色低碳高效集约化城秀乡美的生产、生活、生态空间，走绿色低碳循环发展道路，是实施乡村振兴战略的内在要求和重要路径。

梳理以往研究文献，可以发现，在乡村振兴背景下"三农"低碳、绿色、环保、生态发展是一项较为庞大的系统性关联工程，关于碳交易抵消机制驱动乡村振兴低碳化的"三农"发展研究和实践，可以在已有学术成果和市场实践的基础上，承前启后，注入"三农"高质量发展的绿色低碳理念，对标乡村振兴战略20字总要求，构建碳交易抵消机制与乡村振兴战略总要求的关联，从理论和实践两个维度循序渐进地进一步探究和推进。

第二节　国际碳交易抵消机制与低碳农业发展的关联分析

一、国际碳交易市场与农业碳交易项目的关联

自1996年基于项目的碳交易产生以来，农业、林业碳汇资产类别在碳市

场交易中的占比虽不大，但却较有分量，2003—2009 年在项目碳资产类别中的权重分别为 7%、6%、4%、2%、1%、0.1%、1%。单个农业碳排放主体，即使在发达国家，也必须以农业项目方式产出 CER，才可能使碳交易市场与农业 CER 相关联。但芝加哥气候交易所"契约式"碳交易除外，并且全世界有三个国家将农业纳入了碳交易配额管控。

《京都议定书》为发展中国家农业碳交易项目与国际碳市场的关联制定了清洁发展的抵消机制。碳交易抵消机制的国际法是《京都议定书》，它为碳交易确立了"三大灵活机制"：一是发达国家之间的碳贸易机制，二是发达国家与转型国家之间的联合履约机制，三是发达国家与发展中国家之间的清洁发展机制（CDM）。本章聚焦研究发达国家与发展中国家通过清洁发展机制（CDM），将农业项目产生的核证减排量（CER），通过国际碳交易市场，卖给发达国家（《京都议定书》中附件所列国家）的强制减排主体（也包括一些无强制减排责任的公益机构等主体），从而抵消购买主体的强制减排履约配额不足的部分。因而，农业碳交易依附于碳配额，需求量和价格存在较大的波动性。2005—2010 年全球涉农项目交易见表 5-1。

表 5-1　2005—2010 年在国际碳市场的农业减排项目数和减排量

年度	2005	2006	2007	2008	2009	2010
项目数/个	6	66	11	9	31	5
减排量/tCO_2e	684 533	6 382 766	419 703	256 077	505 084	189 510

资料来源：李鹤，张婧. 农业碳交易与农村扶贫［J］. 中南民族大学学报（人文社科版），2010（6）.

2015 年 12 月，在巴黎气候变化大会上通过的《巴黎协定》，是继《京都议定书》后第二份有法律约束力的气候协议。《巴黎协定》的最大贡献在于明确了全球共同追求的"硬指标"，重申了《联合国气候变化框架公约》确立的共同但有区别的责任原则，反映了各方关切，是一份全面、均衡、有力度的协定。2016 年 9 月，中国加入《巴黎协定》。截至 2017 年年底，我国碳强度已经下降 46%，提前 3 年实现了 40%~45% 的上限目标。不过《巴黎协定》主要是国家自主贡献机制（Intended Nationally Determined Contributions，INDC），为 2020 年以后的国家自主减排路径做了安排，随着我国国家碳市场的建立，国内的 CCER 将成为抵消机制的主体内容。

农业碳交易项目与国际碳市场的关联度由份额占比确定。从农业项目在国际碳交易市场的份额看，截至 2018 年 12 月 31 日，全球涉农减排量项目达到 268 个，在全部 CER 中占 3.09%。其中，农业碳交易项目有 202 个，占比为 2.33%；造林和再造林（A/R）、减少毁林和森林退化（Reducing Emissions from Deforestation and Forest Degradation，REDD）项目有 66 个，占比为 0.76%（如图 5-1）。

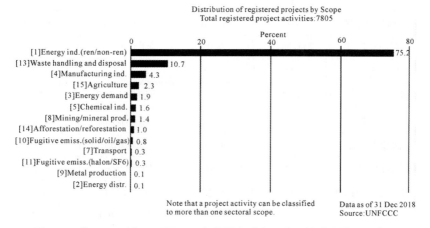

Distribution of registered projects by Scope
Total registered project activities:7805

图 5-1　截至 2018 年 12 月 31 日全世界在联合国注册的碳交易项目类别

（资料来源：UNFCCC。数据统计截止时间：2018 年 12 月 31 日）

正式启动于 2013 年的美国加州—加拿大魁北克碳市场，在美国加州方面允许 8% 的核证减排量通过抵消机制履约，要求抵消量必须源自美国境内，且必须从森林、城市森林、牧场沼气、减少破坏臭氧层物质、采矿甲烷气捕获和水稻种植 6 个领域产生。作为碳交易新规制的《巴黎协定》第六条，随着第 26 届联合国气候变化大会的召开，为农业碳交易抵消机制带来更具公平和正义的国际碳交易抵消机制机会。此外，国家碳排放体系配额管控覆盖林业或农业及渔业碳交易体系的国家目前已有新西兰、韩国和哈萨克斯坦。

二、中国农业碳交易项目与国际碳交易市场供给侧的商品买卖关系

1996 年以来，国际碳交易市场作为碳排放权买卖的中介市场，其涉农碳交易项目与国际碳市场的商品供给关系逐步增强。其中，中国涉农碳交易项目 2006 年才与国际碳交易市场在供给侧产生商业化关联。

从中国农业项目与国际碳交易市场发生交易关系的比例看，截至 2018 年 12 月 31 日，国家发展改革委备案的可以与国际碳市场发生交易关系的 CER 项目共有 5 074 项（减排类型、数量见表 5-2），约占全球 7 805 项的 65.01%；在联合国 EB 理事会注册 3 807 项；获得 CER 签发 1 557 项。

表 5-2　国家发展改革委备案通过的在国际碳市场的 5 074 个 CDM 项目分类

减排类型	数量/个	数量占比/%	年减排量/tCO$_2$e	减排量占比/%
节能和提高能效	632	12.46	97 157 825	12.42
甲烷回收利用	476	9.38	82 123 012	10.50
垃圾焚烧发电	54	1.06	8 227 315	1.05
新能源和可再生能源	3 733	73.57	459 401 583	58.74
N$_2$O 分解消除	43	0.85	28 181 743	3.60
造林和再造林	5	0.10	157 610	0.02
燃料替代	51	1.01	28 334 167	3.62
HFC-23 分解	11	0.22	66 798 446	8.54
其他	69	1.36	11 671 298	1.49

资料来源：国家发展改革委气候变化司·中国清洁发展机制网。

注：由于四舍五入关系，表内个别项目的数字加起来可能与总数略有出入。

中国农业项目在国际碳交易市场的甲烷回收利用及造林和再造林类别，通过了 481 个项目备案，480 个项目注册，估计年减排量为 82 280 622tCO$_2$e，所占比重为 10.52%。项目个数最多的涉农子行业业态类别是家庭户用沼气减排。国际碳交易市场与中国农业低碳项目发生商品交易关系的部分项目见表 5-3。

表 5-3　国际碳市场的中国农业项目（年减排和已签发计量单位：tCO$_2$e）

项目名称	年减排	已签发	国外合作方	注册日期	国内业主
广西珠江造林	20 000	131 964	国际复兴开发银行	2006.11.10	环江兴环
湖北恩施沼气	59 153	333 925	世界银行碳基金	2009.02.19	清江种业
山东养鸡场	84 882	420 218	世界银行	2009.04.27	山东民和
退化土地造林	26 000	无	无	2009.11.16	大渡河造林局
退化土地造林	70 272	35 742	国际复兴开发银行	2010.09.15	广西隆林

表5-3(续)

项目名称	年减排	已签发	国外合作方	注册日期	国内业主
秸秆发电项目	133 379	243 001	德国巴登-符腾堡州	2011.01.01	华电宿州
清镇沼气利用	15 503	97 596	日本 Eco 资产管理	2012.12.18	黑炭能源
乌当、花溪沼气	15 525	47 274	日本 Eco 资产公司	2012.12.20	黑炭能源
息烽、修文沼气	15 481	103 938	日本 Eco 资产管理	2012.12.24	黑炭能源
开阳沼气利用	22 942	114 645	日本地球环境	2012.07.18	贵州海康
松桃、同仁沼气	15 730	101 350	德国艾库乐森	2012.11.26	黑炭能源
农区集中供热	416 758	1 224 443	德国 KFW	2011.11.25	宁夏星瀚
生态区林业碳汇	7 195	无	无	2013.01.17	内蒙古和盛生态
林业碳汇等	40 214	无	诺华制药	2013.02.05	大渡河造林局

资料来源: 国家发展改革委气候变化司·中国清洁发展机制网。

从具体案例看，中国第一个与国际碳交易市场产生商品买卖关系的涉农碳交易项目是2006年5月12日在国家发展改革委备案，11月10日在联合国注册的广西珠江流域造林和再造林项目，年减排量为 20 000tCO$_2$e，已签发 131 964tCO$_2$e；2008年3月26日通过备案，2011年1月1日注册的安徽宿州 2×12.5MW 秸秆发电项目，年减排量为 133 379tCO$_2$e，已签发 243 001tCO$_2$e；标准的农村沼气项目始于2007年1月31日山东民和养鸡场粪污沼气发电项目，估计年减排 84 882tCO$_2$e，已签发核证减排量 420 218tCO$_2$e；2009年获准备案，2011年注册的农区集中供热，也可以在国际碳市场获得利润；低碳绿色生态农业园区更有条件集中申报项目，比如内蒙古和盛国际生态示范区2012年10月18日备案、2013年1月17日注册。截至2018年12月31日，已经获国家发展改革委审批、允许与国际碳交易市场产生买卖关系的"三农"抵消机制 CER 项目达260个，其中甲烷回收利用项目245个、造林和再造林项目5个、其他项目10个。

第三节　国内碳交易市场与低碳农业 CCER 项目的实践关联

2013 年 6 月以来，国内已有"8+1"个碳交易试点市场开始线上交易，低碳农业项目开始与国内碳交易市场对接，持续进行包括农业项目在内的"中国版"核证减排量（CCER）市场交易。2017 年 12 月，全国统一碳排放权市场启动，中国农业碳交易逐步从试点碳排放权市场并轨至全国碳排放权交易市场。

一、国内农业 CCER 项目推动农业低碳化发展

根据国家发展改革委 2014 年 12 月 10 日发布的《碳排放权交易管理暂行办法》，从 2015 年 7 月 3 日开始，国家发展改革委在备案批文中将国内碳交易市场自愿减排项目明确为 CCER 项目。

从全国农业碳交易项目总体情况看，尽管上海、北京、广东等 8 个强制性减排试点碳交易市场对包括涉农减排量项目在内的所有 CCER 项目设置了 5%～10% 的数量限制，仍然对农业低碳化发展产生了助推效应。从项目数量看，累计审定 CCER 项目 2 856 个，备案项目 1 207 个，备案年减排量 5 283 万吨，CCER 累计成交量 1.82 亿吨。自 2017 年 3 月 17 日起，项目备案处于暂停状态。虽然 CCER 交易原则上不分品种、不分行业，缺乏区分农业碳交易与非农碳交易的详细数据来源，但详细分析国家发展改革委 1 207 个 CCER 备案项目可以发现，有纯农村沼气项目 194 个，造林项目 15 个，农业废弃物项目 2 个。如果按属地原则，将农村区域的风电、光伏发电、生物质发电和水电项目计算在"大农村"范围内，还有 868 个"大农村"辖区的风、光、水电和生物质发电项目。

从 CCER 交易的市场平台看，全国"8+1"个试点碳交易市场平台都开启了农业 CCER 交易业务。湖北碳排放权交易中心是全国交易量最大的试点碳交易市场，2018 年 3 月 1 日公布的 51 个已签发 CCER 项目中，有农村沼气项目 30 个，约占该批公布的 CCER 签发项目个数的 58.82%。另有 21 个 CCER 签发项目地址均在农村：风电项目 9 个，生物质发电项目 9 个，水电项目 3 个，占比分别约为 17.65%、17.65%、5.88%。福建海峡股权交易中心自 2016 年 12 月开市以来，体现出林业碳汇交易的独有特色；而四川联合环境交易所不交易

配额，只交易 CCER，涵盖了所有涉农 CCER。

从"三农"低碳化发展的"软件型"技术层面看，"三农"CCER 项目进入碳交易市场的重要软件型技术是"方法学"。相关部门在 2013 年 3 月 11 日至 2016 年 11 月 18 日，借鉴美国、欧盟种植业碳减排"方法学"国际经验，参考中国区域试点碳市场"方法学"规制思路，分 12 批审批公布了 28 个可用于乡村振兴低碳化发展的"方法学"。其中，涉及种植业的 7 个，涉及养殖业的 6 个，涉及生态宜居的 15 个。随着碳交易机制逐步进入成长期，后续可能会增加和扩大"三农"CCER 项目"方法学"的数量和涵盖范围，从而为碳交易驱动乡村振兴低碳化发展提供更多的软件型技术支撑。

二、全国统一碳交易市场与绿色低碳农业发展的相关顶层设计

2016 年 1 月，国家发展改革委开始"全国碳排放权交易市场启动"工作；2016 年 10 月 27 日，国务院发布《"十三五"控制温室气体排放工作方案》，计划在 2020 年使全国碳排放权交易市场制度完善、交易活跃、持续发展。该方案明确了农业低碳化发展的两个方向：一是降低农业领域温室气体排放量，化肥使用量零增长，控制农田甲烷排放，建设畜禽养殖场大中型沼气工程，控制畜禽温室气体排放，开展低碳农业试点示范；二是加快造林绿化步伐，继续实施天然林保护、退耕还林还草、三北及长江流域防护林体系建设、京津风沙源治理、石漠化综合治理等重点生态工程，全面加强森林经营，着力增加森林碳汇，减少森林碳排放，积极增加草原碳汇，探索开展海洋等生态系统碳汇试点。

2017 年 9 月，中共中央办公厅、国务院办公厅联合印发的《关于创新体制机制推进农业绿色发展的意见》，指明了低碳农业的发展方向，其中涉及绿色农产品供给能力、农业绿色循环低碳生产制度、贫困地区农业绿色开发机制、田园生态系统建设、创新草原保护制度、林业和湿地养护制度、农业绿色发展科技创新体系、绿色农业标准体系、绿色农业法律法规体系、农业绿色发展全民行动等绿色低碳农业的体制机制。随后，2017 年 12 月，国家发展改革委在《全国碳排放权交易市场建设方案（发电行业）》中提出基础建设、模拟运行、深化完善三大目标任务。

《乡村振兴战略规划（2018—2022 年）》进一步明确了加快推进农业绿色发展、清洁生产、建立健全碳排放权交易定价机制和碳汇交易机制。2019 年中央一号文件提出了生态扶贫政策措施倾斜、绿色优质农产品生产、绿色投入品创新、推动高质量绿色发展导向、实施最美庭院创建等"三农"优先发展方针。随后，2019年3月，全国人大通过"十三五"规划明确提出"推动建设全国统一的碳排放交易市场"；2019年5月，生态环境部办公厅开始了确定全国碳排放权交易市场发电行业重点排放单位名单、配额分配、系统开户、市场测试运行的准备工作。

第四节　碳交易抵消机制与乡村振兴战略总要求之间关联性探讨

国内外的农业CCER和CER项目实践表明：碳交易抵消机制对农业具有市场化、可量化的低碳转型效应。在实施乡村振兴战略的新背景下，鉴于我国没有实施碳税机制的状况，"三农"低碳化发展更需要碳交易抵消机制逐渐发挥决定性作用，并尽早与国际农业碳交易机制接轨。碳交易市场与乡村振兴战略20字总要求的关联包括五个方面：碳交易与产业兴旺的关联，碳交易与生态宜居的关联，碳交易与乡风文明的关联，碳交易与治理有效的关联，碳交易与生活富裕的关联。前提是这些关联必须转化为"三农"碳交易项目并产出CCER。其逻辑关系见图5-2。

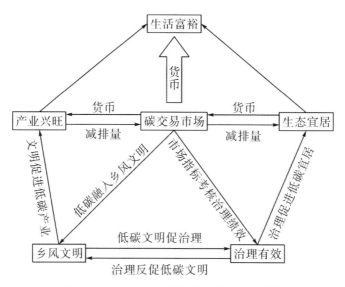

图5-2　碳交易与乡村振兴总要求的关联图

图 5-2 表明，在"三农"碳交易驱动乡村振兴低碳化发展的过程中，碳交易市场处于中心，碳交易与乡风文明的关联是基础，与乡村低碳治理的关联是保障。基础和保障的关联是支撑机制，碳交易与产业兴旺低碳化的关联和生态宜居低碳化的关联是动力助推机制，碳交易与低碳扶贫和低碳富裕的关联是碳交易驱动乡村振兴低碳化发展的目的。

一、碳交易与产业兴旺的关联

碳交易与产业兴旺的关联可以分解为：碳交易与种植业的关联、碳交易与养殖业的关联、碳交易与农业产业融合的关联、碳交易与土壤碳汇的关联。

1. 碳交易与种植业的关联

我国农业种植业落后，通过碳交易市场机制助推种植业从高碳种植转型为低碳种植是乡村振兴的内在要求。碳交易与种植业的关联可以从以下两条路径来实现：一是碳交易与种植业核心技术方面的关联，包括与农田耕作方式、间作轮作、农田管理、化肥减量、农产品结构调整、种子优选、秸秆禁烧还田等方面的关联；二是碳交易与种植业辅助要素方面的关联，包括但不限于全地域、全品种、全链条、全过程与碳交易的对接，并将低碳化生产减少的碳排放量，按照"基准线、额外性、方法学"规范进行"第三方"计量、监测、统计、核查，集成 CER 或 CCER 到碳排放权市场，通过碳交易抵消机制，在碳交易市场获得货币收益。

2. 碳交易与养殖业的关联

碳交易与养殖业的关联可以通过以下业态的企业化主体来实现：已有养殖企业、养殖合作社、养殖场、养殖专业大户等微观主体；养猪、养牛、养马、养鸡、养鸭、养兔、水产养殖等微观业态。让养殖业清洁生产、低碳生产的同时，将产生的核证减排量市场化、商业化、货币化。

3. 碳交易与农业产业融合的关联

碳交易与农业产业融合的关联可以通过以下路径实现：农产品工业化深加工路径，农产品商业化营销路径，涉农原料一、二、三产业融合路径，以农业为基础的要素重组路径。进一步讲，碳交易与一、二产业融合的路径性关联，还可以进一步细分，将生物质发电、秸秆综合利用工业化等做成碳交易项目。重要的是，需要"第三方"机构介入，实现一、二产业融合的减排量可测度、可核查、可产权化交易。这需要分工合作、资源互补、利益共享。

4. 碳交易与土壤碳汇的关联

我国还缺乏"碳交易+纯粹土壤碳汇"的成功案例，但国际碳市场上由世界银行在发展中国家贫穷地区开发固化农业土壤中二氧化碳（简称"土壤碳汇"）项目已有十多年的历史，这也是我国深度贫困荒漠地区低碳化脱贫的绿色碳交易路径。

二、碳交易与生态宜居的关联

1. 碳交易与林草业碳汇的关联

森林具有吸收大气中的二氧化碳并固定在树干、树枝、树叶上的功能。国际碳市场减少毁林和森林退化（REDD）、造林和再造林（A/R）项目实践，为我国"山水林田湖草"统筹发展产生的 CCER 进入碳交易市场提供了经验和借鉴。

2. 碳交易与乡村基础设施建设的关联

可以进一步细化碳交易与下列项目的关联：镇、村、组、户的道路、照明、生产用水用电用气，生活用水用电用气，非农房屋，村镇绿化，农电管网等。"新基建"，也可以与碳交易建立起"绿色"关联。

3. 碳交易与农房建设的关联

碳交易与农房建设的关联可以通过下列路径实现：沼气化的农家私人厕所、太阳能屋顶发电的家用电器和家庭照明系统、沼气和自发电力家用炊具、风力资源优势地区的风能家用电力系统、水利资源优势地区的水力村组发电自供系统、地热（冰热和天然气）资源优势地区的地热（冰热和天然气）发电系统、太阳能热水器、隔热保暖材料要求，等等。

4. 碳交易与农村公厕的关联

目前全国农村公共厕所已建成 50%，但不应一建了之，它不是农村排泄物的集散地，需要持续的长效的粪便处理和管理，择机推动农村公厕与碳交易产生关联：建设标准沼气化公共农厕，公共财政投资一步到位并给予五年的厕所维护保养经费，五年之内，当地政务必让其与碳交易对接，让沼气产生的 CCER 在碳市场变现，在农厕革命中发挥碳资源转化为货币资源的决定性作用。

三、碳交易与乡风文明、治理有效、生活富裕产生关联的路径

1. 碳交易与乡风文明的关系

碳交易与乡风文明发生内在联系，主要视角是将低碳理念植入乡风文明，

使包含低碳文明的乡风文明引领村民参与"三农"碳交易项目，让乡风文明成为"碳交易+产业兴旺"和"碳交易+生态宜居"的前置导向路径，产生碳交易驱动乡村振兴低碳化发展的方向性引领功能。碳交易与乡风文明的关联，可以通过传统文明中的低碳内涵挖掘路径、新发展理念落地路径、乡村低碳化对接路径、地方低碳风俗特色路径等来实现。

2. 碳交易与治理有效的关联

碳交易与治理有效的关联主要表现为将"三农"碳交易量、碳交易额纳入考核乡村治理绩效的一个指标，成为"三农"碳交易驱动产业兴旺低碳化、生态宜居低碳化的制度保障。如果碳交易不能与治理有效发生良性互动的关联，碳交易驱动乡村振兴低碳化发展就可能走偏走邪，欲速则不达。碳交易与治理有效的良性互动关联，主要由低碳化发展绩效考核尺度和农村青山绿水转换为金山银山两大路径支撑。

3. 碳交易与生活富裕的关联

"三农"CCER 在碳市场的买卖关系中最终应体现出村民脱贫致富，这也是乡村振兴的目标。碳交易倒逼乡风低碳化文明、乡村低碳化治理产生的"碳交易+产业兴旺""碳交易+生态宜居"，最终要体现在农民实实在在的相对富裕，包括低碳"钱途"、低碳扶贫、相对富裕三大目标的实现。

综上所述，"三农"碳交易是连接城乡、减少乡村碳排放、适应全球温室效应和气候变化、实现"三农"低碳绿色发展的新兴要素市场机制。多维度的顶层设计展现出其必要性，国内外的碳市场实践显示了其可行性，本章设计的路径关联框架试图阐释其逻辑性。碳交易与产业兴旺、生态宜居、乡风文明、治理有效、生活富裕存在良性互动的关系，具体的互动关联可以细分为碳交易与种植业、养殖业、产业融合、土壤碳汇，碳交易与林草业、基础设施、农房、农村公厕革命等十七个方面的关联。展望未来的后续研究，期待学界与政界、商界一起，直面美国退出《巴黎协定》的负面效应，把握《巴黎协定》替代《京都议定书》的正面效应，抓住全国统一碳市场建立为"三农"CCER抵消机制带来的增量机会，共同深度剖析并推进碳交易与十七个方面的关联细化、对接、落地，并通过抵消机制在碳交易市场与配额不足的排放主体发生买卖关系从而缓解乡村振兴和"三农"低碳化发展之间不平衡、不充分的矛盾，释放"三农"CCER 的低成本效应，使碳交易在乡村振兴低碳化发展中发挥应有的决定性作用，让"有为政府+有效市场"的中国特色社会主义绿色引擎，助推乡村振兴战略产生"变道超车"的低碳转型效应。

参考文献

陈儒，姜志德，2017. 中国低碳农业发展绩效与政策评价［J］. 华南农业大学学报（社会科学版），16（5）：28-40.

陈胜涛，朱福兴，2018. CGE 模型在农业碳排放权交易中的应用［J］. 统计与决策，34（7）：92-95.

付寿康，2018. 民族地区碳贫困类型与碳交易减贫研究［D］. 武汉：中南民族大学.

郭晓鸣，张克俊，虞洪，等，2018. 实施乡村振兴战略的系统认识与道路选择［J］. 农村经济（1）：11-20.

李鹤，张婧，2010. 农业碳交易与农村扶贫［J］. 中南民族大学学报（人文社科版），30（6）：118-122.

李卓，李晓芬，2015. 浅谈碳排放权交易体系中抵消机制的运用［J］. 资源节约与环保（11）：133-134.

李佐军，俞敏，2019. 拓展碳汇市场交易，助力生态文明建设［J］. 重庆理工大学学报（社会科学版），33（4）：1-6.

芦千文，姜长云，2018. 欧盟农业农村政策的演变及其对中国实施乡村振兴战略的启示［J］. 中国农村经济（10）：119-135.

潘晓滨，2018. 碳排放交易中的自愿减排抵消机制［J］. 资源节约与环保（9）：117-118.

张艳，漆雁斌，贾阳，2011. 低碳农业与碳金融良性互动机制研究［J］. 农业经济问题，32（6）：96-102.

张宇，朱立志，2019. 关于"乡村振兴"战略中绿色发展问题的思考［J］. 新疆师范大学学报（哲学社会科学版），40（1）：65-71.

赵俊英，2012. 低碳农业发展与农村金融服务创新路径研究：基于碳金融视角［J］. 生态经济（5）：68-71.

朱晓静，2016. 中国碳排放权抵消机制的现状与发展策略研究［D］. 长春：吉林大学.

邹新阳，2011. 碳金融与农村金融的互动研究：基于碳金融的本土化与农村金融创新的理念［J］. 农业技术经济（6）：70-76.

第六章　碳交易抵消机制助推乡村振兴低碳化发展的路径
——以四川为例

本章摘要：碳交易是连接城乡的一种新兴绿色要素交易，可以在乡村振兴低碳化发展战略中成为四川实现"三农"低碳转型的一个市场化路径。欧盟碳市场数据和国内试点碳市场数据显示，四川具有国际碳市场实践指标四个"全国第一"、国内非试点地区 CCER 交易平台"全国唯一"和传统农业大省的"基准线"优势，但存在低碳认知、抵消机制、项目零散、交易差价大、比价大等共性化问题和政策有待匹配、相关研究少、学界认知分歧、CER 后期管理欠佳等个性化问题。必须进行政策体系构建、分区分类试点、多方联动、财政支持、低碳指标体系设计，才可能步入"产业兴旺""生态宜居""乡风文明""治理有效""生活富裕"的低碳化乡村振兴发展路径。

关键词：四川省　碳交易市场　乡村振兴　低碳化发展　低碳指标体系

低碳化发展是经济发展从高速度向高质量转型的一个重要途径。低碳化发展机制可以分为政策、法规、标准的命令式强制机制，价格控制的碳税政府定价机制，总量控制的碳交易市场定价机制。目前，命令式强制机制主要体现在低碳化国际标准、国家标准、行业标准、企业标准之中，我国环境保护税约束的污染物排放中也不包含碳排放，还未建立约束碳排放的碳税政府定价机制。碳交易市场定价机制的原生品主要是二、三产业和特大型建筑物的强制性减排的碳排放配额。农业主体根据《京都议定书》清洁发展机制（CDM）产生的自愿性核证减排量（CER）和中国版自愿性核证减排量（CCER），一般以卖方的形式制定碳交易市场定价机制。碳交易市场机制在学术上源自马歇尔外部性理论和科斯定理，在法律上有《巴黎协定》的约束和正在完善的碳交易法规，在实践上有国际碳交易市场、国内试点碳交易市场和 2017 年 12 月启动的全国统一碳市场支撑。

国际碳交易市场已经积累了 20 年的实践经验，国内正式上线交易的试点碳交易市场始于 2013 年 6 月的全部直辖市、全部一线城市和湖北、广东、福建三省。2016 年 4 月，四川联合环境交易所作为全国非试点地区的唯一非配额碳交易市场获得国家发展改革委的批准，并于 2016 年 11 月开始运行。

遗憾的是，2017 年以来，鲜有学者将这些实践提升到学术高度，也缺乏乡村振兴低碳化发展的理论成果，更没有发现碳交易驱动乡村振兴低碳化发展的文献。本章试图从四川乡村振兴的"三农"碳交易路径和低碳化指标体系构建视域，弥补一些缺憾。可喜的是，乡村振兴评价指标可以为本章的研究提供启迪（陈学云 等，2018；陈秧分 等，2018；张挺 等，2018；吕德文，2018；廖文梅 等，2019；程莉 等，2018；浙江省统计局课题组，2019；韦家华 等，2018；杜国明 等，2018；河南省人民政府发展研究中心"乡村振兴战略研究"课题组，2018）。然而学者们在构建乡村振兴评价指标时，不仅无一例外地遗漏了乡村振兴低碳化指标体系，更没有涉及碳交易市场机制。本章在研究结论中，建议将低碳化发展指标纳入各级各类乡村振兴评价体系，并提出了四川乡村振兴低碳化发展的碳交易指标体系。

未来的乡村振兴低碳化发展，既应发挥碳交易市场在"三农"碳资源配置中的决定性作用，又需五级党政的宏观引领和调控，探索政府主导、各界参与、市场化运作和可持续的生态产品价值实现路径，防范乡村振兴低碳化发展的"双失灵"，实施"有为政府+有效市场"（陈云贤，2019）的乡村振兴低碳化发展体制机制。作为农业大省的四川，在参与国际碳交易 CER 供给侧市场的十多年来，有四个指标位居全国第一，在国内拥有全国非试点地区唯一核证减排量（CCER）交易市场平台。通过碳交易市场驱动"三农"低碳化发展是四川乡村振兴低碳化的重要路径，应及早地从产业兴旺、生态宜居、乡风文明、治理有效、生活富裕五大路径探索前行。

第一节 碳交易助推乡村振兴低碳化发展的必要性

全球低碳化发展有两种基本机制：一是碳市场定价机制，二是碳税政府定价机制。碳税属于国家层面的问题，我国现行环境保护税既不包含碳税，暂时也没有开征碳税的计划，所以碳交易必然对四川乡村振兴低碳化发展发挥决定性作用。碳市场的功能是让"限额"温室气体排放大户买卖碳排放权。乡村振兴背景下"三农"产生的核证减排量（CER 和 CCER），作为一种抵消机制，通过连接城乡的碳市场，可用乡村"绿水青山"式的 CCER，换取城市碳排放大户购买 CCER 的"金山银山"。适时启动碳市场驱动四川从农业大省转型为低碳"'三农'绿省"，是四川乡村振兴低碳化绿色发展、高质量可持续发展的内在要求，从市场和政策两个维度分析，是必要的、可行的。

从国内试点碳市场的维度看，2013 年深圳开启的国内区域试点交易，已扩大到上海、北京、广东、天津、湖北、重庆、福建八个试点地区和区域试点碳市场。四川联合环境交易所是 24 个非试点省（自治区、直辖市）中唯一的 CCER 试点碳市场。

从全国统一碳市场看，2017 年启动，2018 年为基础建设期，2019 年年底开始模拟交易，2020 年年底正式上线交易。年耗标准煤 1 万吨以上的 1 700 多家电力企业首批纳入碳排放权配额上限控排。

从四川参与国际碳市场交易的维度看，四川省在国家发展改革委审批和联合国注册两个方面的四个指标领跑全国，为碳交易驱动四川乡村振兴低碳化发展积累了国际化、规范化的实践经验。

从碳市场的未来成长看，国际航空理事会 2020 年 3 月宣布中国的 CCER 纳入碳减排抵消机制，虽然没有农业 CCER，但显示出中国 CCER 国际化的重生路径。生态环境部 2019 年 6 月出台《大型活动碳中和实施指南（试行）》，从国际、国内两个视域为碳交易驱动四川乡村振兴低碳化发展拓宽了市场机会。经济趋势一旦从低迷状态回转到上升通道，碳排放权需求必然增长，将给碳交易市场驱动乡村振兴低碳化发展的 CCER 抵消机制带来更多机会。

从国家顶层设计维度看，国务院 2016 年 11 月印发的《"十三五"控制温室气体排放工作方案》，中共中央办公厅、国务院办公厅 2017 年 9 月印发的

《关于创新体制机制推进农业绿色发展的意见》，党的十九大提出的乡村振兴战略，2018 年和 2019 年的中央一号文件，《乡村振兴战略规划（2018—2022年）》，中央经济工作会议，中央农村工作会议，2019 年 1 月农业农村部、财政部公布的《首批国家现代农业产业园名单》等，都不同程度地显示出国家对低碳农业、清洁生产方式、碳排放权交易等低碳化生产方式和实现路径的重视。

2019 年 1 月 30 日，中共四川省委书记彭清华在《人民日报》发表文章，把生态振兴、"优绿特强新实"六字经、幸福美丽新村升级版融会贯通，显示出四川省主要领导的生态振兴和绿色四川理念。而《四川省"十三五"控制温室气体排放工作方案》《四川省乡村振兴战略规划（2018—2022 年）》和市（州）、县（区）、乡（镇）的乡村振兴战略规划，则体现出四川省乡村振兴低碳化发展的各层级战略支撑。2020 年 7 月 1 日出台的《四川省积极应对气候变化创新创造需求清单》（以下简称《清单》），进一步明确要求"不断提升减缓和适应气候变化能力，拓展低碳场景和低碳生态圈"。"《清单》立足四川省实现 2030 年前二氧化碳排放达峰既定战略目标，从全球气候变化本地化影响与风险、城市和行业二氧化碳排放达峰、非二氧化碳温室气体协同管控、脆弱领域和区域气候变化适应、应对气候变化能力建设和支撑五个方面，提出 30 条创新创造需求。其中包括建立'窗含西岭千秋雪'冰川直播平台、研究老龄化进程中气候变化健康风险、建设光伏社区和村庄、创新甲烷回收利用协同技术体系和商业模式、研发四川盆地和安宁河谷热浪预警预测模型、探索基于自然的解决方案、搭建温室气体清单智慧生成平台、建立低碳生活一体化服务平台等。"[1]《清单》包含的光伏村庄等乡村振兴低碳化发展项目所产生的 CCER，可以助推四川农业从高碳农业转型为低碳"三农"，实现"变道超车"。

从理论研究视域看，虽然缺乏完全对应的相关研究成果，但农业碳交易和乡村振兴绿色发展，可以在一定程度上证实碳交易驱动四川乡村振兴低碳化发展的必要性。农业低碳化发展，可以通过国际碳交易市场路径实现（许广月，2010）。在清洁发展机制下，农业碳交易市场可以在减少农业温室气体排放的

---

① 殷鹏. 全国首份！四川发布应对气候变化创新创造需求清单［EB/OL］.（2020−07−01）［2021−12−16］. https://cbgc.scol.com.cn/news/313716.

同时帮助脱贫和可持续发展（李鹤 等，2010）。新疆、四川的 CER 案例证明了碳交易驱动四川乡村振兴低碳化发展的可行性（李波，2011）。碳市场驱动"三农"低碳转型可以通过建立农业碳交易中间投入消耗方程、农民福利和储蓄变化方程，测度农业碳交易对种植业结构及农民收入分配的影响（陈胜涛等，2018）。农业土壤碳交易可以借鉴国际经验的碳汇补贴、国际合作等方式（韩松 等，2014）。从水稻和养殖业的碳足迹估算，农业 CER 进入碳市场的潜力巨大（罗婷，2014）。但碳市场是不完善的，农业主体通过碳市场获利面临诸多障碍（陈昌洪，2016），农民缺乏利用 CER 通过碳市场获利的机制体制，需要"企业—碳交易机构—农村专业合作组织—农户"的农业碳汇机制和低碳农业品牌机制协同（李晓燕 等，2012）。

　　绿色发展研究对本章论点具有一定的支撑作用。绿色发展是乡村振兴战略的根本遵循之一，蓝天白云下的低碳发展已成为国人共识和留住绿水青山的多重愿景（王景新 等，2018）。推行农村绿色生产生活方式、绿色产业环境和绿色政策体系，建设绿色低碳高效集约化城秀乡美的生产、生活、生态空间，走绿色低碳循环发展之路已经成为实施乡村振兴战略的内在要求和重要路径（郭晓鸣，2018；张宇 等，2019；张海鹏 等，2018）。借鉴欧美和日本等国家和地区农村低碳化发展的碳市场机制、政策，可以避免乡村振兴战略走弯路（芦千文 等，2018；贾磊 等，2018）。

　　从国外著名学者的农业碳排放研究看，碳排放理论渊源可追溯到马克思"节约减排"理论中关于生产排泄物的利用和伦敦 450 万人粪便对泰晤士河的污染。诺德豪斯创建的气候变化综合评估模型，通过联合国政府间气候变化专门委员会（Intergovernmental Panel on Climate Change，IPCC）广为借鉴，其气候干旱年份改种玉米的案例传为佳话（向国成 等，2011）。污染物和温室气体排放对农业危害极大，需要全球治理。从发达国家的角度讲，气候变化导致的经济损失小，遭害最大的农业仅占国民生产总值的 3%～5%；对发展中国家来说，农业占比高，气候变化影响大，表现在粮食作物和人身健康受到影响。人类需要将当前的一部分收益用于温室气体减排，使温室效应"负外溢性"的全球关注度上升到紧迫性高度，并建议全球征收统一的碳排放税（彭保发 等，2015）。科斯在《社会成本问题》中早已质疑庇古税将外部问题内部化的传统福利经济学认知，提出的产权配置三大定理成为碳交易减排市场机制的重要理论支撑。减少温室气体排放并非纯粹的经济问题，应上升到道德高度，现行减碳机制过多地强调投资成本和经济回报，造成减碳机制失灵，源于温室气体排放的气候变暖所导致的全球"公共损失"远比酸雨、风沙、水污染更严重。35 个发展中国家的数据表明，农业发展对东道国碳排放有正向作用。农业减碳是不可或缺的一个重要环节，监控森林资源更为有效。小规模 CDM 项目无法对接农村地区可持续发展是世界性难题。日本学者甚至注意到林业碳汇为中国塞罕坝林场带来了实实在在的亿元收益。

第二节　碳交易驱动四川乡村振兴低碳化发展的优势

国际碳交易市场已经走出低谷，国内试点碳交易市场正在与全国碳交易市场并轨。四川省具有参与国际碳交易的经验，并且，在国内非试点地区，拥有唯一专营 CCER 的试点碳交易市场平台——四川联合环境交易所，为碳交易驱动四川乡村振兴低碳化发展集聚了独特的内生动力。四川是传统的农业大省，具有"三农"CER 项目资源优势、"基准线"优势、"额外性"优势。

一、欧洲碳交易市场向好和国内碳市场的七年试点为碳交易驱动四川乡村振兴低碳化发展提供了条件

欧盟碳交易市场体系是国际碳交易市场的典范。美国次贷危机和欧洲债务危机对欧盟碳交易市场造成了很大的冲击。作为碳交易市场核心的碳排放权价格，从 2008 年的高峰一路走低至 2013 年进入低谷，然后逐步复苏、上扬。2018 年量价步入高位区域。反映赚钱效应的 2018 年交易价，波浪式地直逼 2008 年的价格高峰；反映市场流动性的成交量创出新高，现货合约成交量仅低于 2009 年，衍生品合约成交量为有史以来最高。欧洲碳交易市场是全球的风向标，为碳交易驱动四川乡村振兴低碳化发展提供了良好的入场时间节点。

中国自己的碳交易区域试点市场，从 2013 年 6 月深圳排放权交易所正式上线交易，上海能源环境交易所的碳排放权交易市场平台、北京环境交易所碳排放权交易市场平台、广州碳排放权交易所、天津碳排放权交易中心、湖北碳排放权交易中心、重庆碳排放权交易中心、福建海峡产权交易中心的碳排放权交易平台等试点市场先后启动线上交易。加上非试点地区的四川联合环境交易

所，共有"8+1"个国内碳交易市场，为碳交易驱动四川乡村振兴低碳化发展提供了可供多种交易选择的交易平台。

二、领跑全国的国际碳交易市场实践为碳交易驱动四川乡村振兴低碳化发展提供了经验

我国 2005 年就以 CER 供给侧形式参与国际碳交易，四川有四大指标位居全国第一。截至 2019 年 6 月 21 日，国家发展改革委批准了按《京都议定书》以清洁发展机制参与国际碳市场交易的 CER 项目 5 074 个，四川省占 565 个，占比约为 11.14%，在 31 个省（自治区、直辖市）中位居第一（如图 6-1），这是第一个位居全国第一的国际碳市场指标。第二位至第六位的省份分别是云南、内蒙古、甘肃、河北、山东。

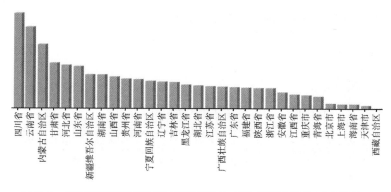

图 6-1　四川获得国家发展改革委审批的 CER 项目个数位居全国第一

（资料来源：国家发展改革委气候变化司）

5 074 个 CER 项目的估算减排量为 782 052 997tCO$_2$，其中，四川省 565 个 CER 项目的估算减排量为 88 847 082tCO$_2$，占比约为 11.36%，在 31 个省（自治区、直辖市）中，在全国排名第一（如图 6-2），这是第二个位居全国第一的国际碳市场指标。第二名至第六名的省份分别是山西、内蒙古、云南、江苏、浙江。

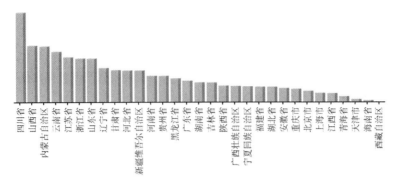

图 6-2　四川获得国家发展改革委审批的 CER 项目估算减排量位居全国第一

（资料来源：国家发展改革委气候变化司）

四川省在联合国注册的 CER 项目共计 368 个，占比约为 9.67%，这是第三个位居全国第一的国际碳市场指标（如图 6-3）。

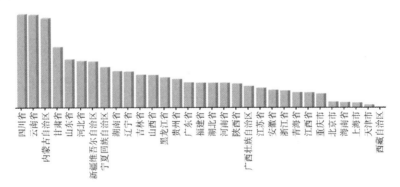

图 6-3　四川获得联合国注册的 CER 项目个数位居全国第一

（资料来源：国家发展改革委气候变化司）

四川省在联合国注册的 368 个 CER 项目的估算减排量为 73 399 455tCO$_2$，约占全国在联合国注册的 CER 项目估算减排量 627 392 709tCO$_2$ 的 11.70%，这是第四个位居全国第一的国际碳市场指标（如图 6-4）。

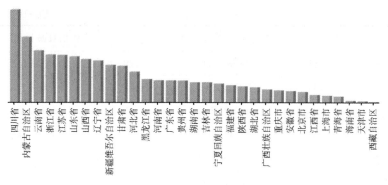

图 6-4　四川获得联合国注册的 CER 项目估算减排量位居全国第一

（资料来源：国家发展改革委气候变化司）

　　上述符合国际标准和国际碳市场规则的四个指标，对四川省从农业大省转型为低碳"'三农'绿省"具有重要的支撑效应。对四组数据进行收集、归纳、总结、计算，可得出全国 31 个省（自治区、直辖市）获得国家发展改革委审批和联合国注册的 CER 数据（见表6-1）。

表 6-1　各省份获得国家发展改革委审批和联合国注册的 CER 减排量

省　份	审批数/个	审批估算减排量/tCO_2e	注册数/个	注册估算减排量/tCO_2e
四川	565	88 847 082	368	73 399 455
云南	483	49 645 140	367	40 754 572
内蒙古	381	55 177 162	354	51 626 145
甘肃	269	31 783 829	238	28 623 842
河北	258	31 426 715	185	23 891 143
山东	249	43 190 852	190	35 884 399
新疆	201	31 204 598	181	29 146 047
湖南	200	19 411 666	144	15 498 662
山西	187	55 822 361	126	33 958 277
贵州	175	25 735 347	110	16 680 071
河南	174	25 742 724	96	17 220 437
宁夏	162	15 149 283	159	14 413 484
辽宁	158	33 885 474	142	32 772 385

表6-1(续)

省　份	审批数/个	审批估算减排量/tCO$_2$e	注册数/个	注册估算减排量/tCO$_2$e
吉林	155	18 947 535	129	15 343 652
黑龙江	141	23 640 360	117	18 038 234
湖北	136	14 670 547	96	11 524 454
江苏	131	44 491 972	76	37 163 502
广西	128	15 626 533	82	9 900 264
广东	125	20 812 849	97	16 848 931
福建	123	14 990 516	96	13 094 759
陕西	122	15 873 914	93	12 023 342
浙江	121	43 327 340	65	37 379 464
安徽	96	13 568 746	67	8 565 366
江西	85	8 263 601	57	5 530 995
重庆	80	12 720 879	52	9 332 506
青海	72	5 189 157	57	4 242 978
北京	29	10 567 738	20	7 938 543
上海	25	8 510 241	16	4 805 027
海南	25	1 227 525	18	1 030 002
天津	18	2 601 311	9	7 617 71
西藏	0	0	0	0
合计	5 074	782 052 997	3 807	627 392 709

资料来源：根据国家发展改革委气候变化司相关数据整理。

三、四川拥有非试点地区唯一 CCER 交易市场平台——四川联合环境交易所

碳交易市场是一种新兴的绿色要素市场，非业内人士感觉比较陌生。实际上，国家发展改革委 2016 年 4 月就正式批准四川联合环境交易所为全国性自愿减排量试点碳交易市场，这在全国 24 个没有进行碳排放总量上限控制的非试点地区具有唯一性，可以给碳市场驱动四川从农业大省转型为低碳"'三农'绿省"带来更多的市场机会，驱动其"变道超车"。从 2016 年 12 月 19 日四川联合

环境交易所开市以来，包括农业碳交易在内的市场交易 CCER 累计成交量为 12 869 102tCO₂e，每日成交量动态变化如图 6-5（截至 2019 年 6 月 6 日）。

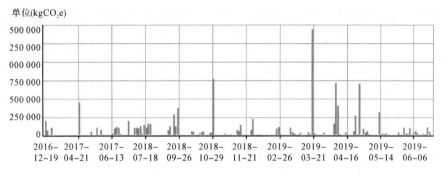

图 6-5　四川联合环境交易所 2016—2019 年 CCER 交易情况

（资料来源：四川联合环境交易所）

第三节　碳交易驱动乡村振兴低碳化发展的挑战

从碳交易市场驱动四川乡村振兴低碳化发展的现状看，既存在前述的机遇，也有以下十个方面的问题。其中有碳交易驱动全国乡村振兴低碳化发展共性化问题六个、碳交易驱动四川乡村振兴低碳化发展个性化问题四个。

一、试点碳排放权交易市场的运行机制令人担忧

碳市场自身存在抵消机制、价格波动、CCER 与配额差价大等问题。限于篇幅和主题，碳市场自身存在的流动性问题、稳定性问题、有效性问题不在本章讨论范围之内。

第一，抵消机制存在各种限制。这主要表现在两个方面：一方面是量的限制问题。7 个试点碳市场主要接受配额交易，配额交易量超过 90%，除深圳、广东、天津、湖北碳市场接受的 CCER 抵消比例 10%、重庆碳市场 8%以外，几乎都在 5%以内。另一方面是地区限制问题。上海碳市场没有地区限制但比例仅为 5%，深圳碳市场允许所有签署碳交易战略合作协议的省（区、市）CCER 参与交易，交易类别明确包括林业碳汇和农业减排项目。完全限制外地 CCER 交易的试点碳市场有重庆、福建碳市场，部分限制外地 CCER 交易的试

点碳市场是北京碳市场。9个试点碳市场的抵消机制限制情况见表6-2。

表6-2 CCER在各个试点碳市场的抵消机制限制情况

市场名称	比例限制	地区限制	其他限制
四川碳市场	无限制	无限制	无限制
深圳碳市场	10%	含签约地区	农林无限制
上海碳市场	5%	无限制	2013.1.1后
北京碳市场	5% & 2.5%	签约地优先	非水电
广东碳市场	10%	林业碳汇限于本省	非水电
天津碳市场	10%	京津冀优先	非水电
湖北碳市场	10%	含签约地区	非大中型水电
重庆碳市场	8%	仅本市	—
福建碳市场	10% & 5%	仅本省	非水电、林业10%

资料来源：综合8个试点地区碳交易市场平台。

一些试点碳市场还对CCER做了其他限制，如广东林业碳汇限于本省，二氧化碳、甲烷需要超过温室气体50%。北京、天津、广东、福建碳市场对水电CCER做了限制。

第二，价格波动问题。碳排放权交易产品是"双重虚拟"金融产品，具有价格弹性大的特征。

第三，CER价格与配额价格价差过大。上海试点碳交易市场CCER价格2015年年底高于配额价格，2017年4月至8月在每吨二氧化碳当量15元至25元的范围内波动，低于上海同期30元左右的配额价；北京试点碳市场同期价格波动区间为4元至20元，低于北京同期50元左右的配额价；四川自愿减排碳市场的涉农CCER价格多在6元以下，高于重庆试点碳市场同期3.6元的配额价。CER价格的全球波动振幅更大。欧盟CER曾经与欧盟配额价格相近，但2018年12月24日欧盟配额和CER收盘价分别为25.18欧元和0.24欧元，相差约105倍。

二、低碳认知不足

相信学界会认同作者所提出的"'三农'绿省"新概念，但对由碳市场来驱动，也许会存在一定的争议。因为理论界存在不认同全球变暖和碳市场的学术流派，国际上以美国为最。这成为误导小布什、特朗普先后退出《京都议定书》和《巴黎协定》的"理论"要因。国内谢富胜等人（2014）质疑碳交易市场能化解气候变暖，提出不宜盲从而需审慎，认为主流经济学派的碳市场理论无法从根本上解决气候问题。葛全胜等人（2014）认为理论界对气候变化存在"继续变暖还是停滞"等七大不确定性。学术上存在观点分歧是有益的。碳市场的存在，并在国内、国外日益扩大交易范围、交易品种、交易主体、交易数量，说明这个认知分歧，正在被市场实践消除。

乡村干部和村民对低碳化发展的认识不到位。乡村干部和村民大多不知道碳、碳排放、温室效应、碳交易市场。大多数误以为"碳"就是农村林木烧制的"木炭"、煤矿挖出的"煤炭"；一些现代农村知识青年认为"低碳化"是工业化、城市化的问题，与"三农"无关；乡村干部认为自己有责任按照中央文件防治污染，整治环境，植树造林，保护自然植被，打造村容村貌，解决厕所问题，却不知道乡村振兴战略中的绿色低碳发展从何下手，更难理解"三农"低碳化发展建设；还有一部分"知道""三农"的主体认为，低碳化责任是他人的义务，与己无关。难能可贵的是，有极少数乡村干部和村民不仅知道、了解，而且早就参与了碳交易项目。这种极端的低碳认知状况，说明四川从农业大省转型为低碳"'三农'绿省"在碳市场的驱动下发展潜力巨大。

三、进入碳交易市场的前期费用障碍

乡村振兴产生的"三农"CCER 项目规模小、零散，而申报、审批的费用，到国际碳市场进行 CER 交易的前期费用需要 50 万元左右，在国内 9 个试点碳市场的申报、审批、尽职调查、核查、监测等费用也不少，一般的小规模"三农"主体，很难筹措并决策投资这笔费用，成为碳市场驱动四川从农业大省转型为低碳"'三农'绿省"的一大障碍。

四、全球缺乏农业碳交易的优先准入机制

全球碳市场在配额交易和衍生工具交易之前的 1996 年，农业自愿减排项目减排量就开始场外交易，并在 2002 年以前一度成为国外碳市场的主要交易对象，20 多年来，一直没有农林碳交易的优先准入机制。农业自愿减排量单位成本最低，相同减排量，对全球应对气候变化的效应不会因减排量产生地域

不同而产生差异。换句话说，农业自愿减排量最具帕累托效应，应当鼓励全球更多的自愿减排量源自农业。从反贫困的角度讲，成功实现交易的农业减排量，有助于全球价值链低端的农林阶层脱离贫困和拥有更好的生计。2018年12月至2019年1月法国征收燃油型碳税引发的"黄背心"运动，也警示全球应对气候变化的制度安排应当关切低收入阶层的生计问题。设计农林碳交易优先制度安排，既可以减排，又可以助推全球反贫困事业。

五、我国试点碳交易市场启动后没有新项目进入国际碳交易市场

从中国现实反观全球碳交易市场，表面上，中国至今仍然是国际碳市场最大的 CER 提供者，这些 CER 完全是 2015 年以前存续项目的持续减排量，但最大的问题是中国试点碳市场上线交易后，国际碳市场的中国 CER 项目出现零增长。国际民航组织理事会 2020 年 3 月公布了全球航空碳抵消和减排机制（Carbon Offsetting and Reduction Scheme for International Aviation，CORSIA），虽然将中国 CCER 纳入全球航空碳抵消和减排机制，但将农业 CCER 排除在外。这种状况如果继续存在，将是中国碳减排努力得到国际社会认可的大障碍。当然，如果中国碳市场与全球碳市场像下文对策建议所言，实现了互联互通互认，中国碳市场本身就将成为真正意义上的国际碳市场，那么中国农业碳交易项目产生的农业核证减排量在中国碳市场交易和外国碳市场交易将没有质的区别。

六、农业核证减排量价格低、波幅大、与配额差价大

1. 国际碳排放权交易市场的农业核证减排量价格低

农业和所有自愿减排型核证减排量的二级市场价格远远低于同期配额价格，是经济低迷期的又一重要问题。2019 年 4 月 15 日、16 日、17 日、18 日、23 日、24 日欧盟配额价格分别为 26.81 欧元、27.00 欧元、27.46 欧元、26.89 欧元、27.53 欧元、27.40 欧元，而同期农业碳交易产品所属的核证减排量价格分别为 0.23 欧元、0.23 欧元、0.23 欧元、0.23 欧元、0.22 欧元、0.22 欧元，价差在 110 至 120 倍之间[①]。

2. 国内碳排放权交易市场的农业核证减排量价格低廉

在试点碳市场，农业 CCER 的二级市场价格较大幅度地低于同期其他类别

---

① 数据来源：深圳排放权交易所。

核证减排量价格。以 2019 年 4 月 29 日四川联合环境交易所为例，贵州沼气每吨核证减排量 CCER 的价格为 2.00 元，同期的云南风电、四川水电 03、市场水电 04、吉林生物质、河南光伏、青海光伏、湖南垃圾填埋分别为 10.00 元、9.80 元、13.00 元、12.20 元、10.00 元、5.5 元、11.13 元。[①]

3. 国内外农业碳交易核证减排量价格波幅大且与配额价差大

国内试点市场也存在与农业碳交易相关的 CCER 碳价波动问题。碳交易产品是"双重虚拟"金融产品，价格弹性大。上海试点碳交易市场 CCER 价格 2015 年年底高于配额价格，2017 年 4 月至 8 月在每吨二氧化碳当量 15 元至 25 元的范围内波动，低于上海同期 30 元左右的配额价；北京试点碳市场同期价格波动区间为 4 元至 20 元，低于北京同期 50 元左右的配额价；四川自愿减排碳市场则在 6 元以下，高于重庆试点碳市场同期 3.6 元的配额价。CER 价格的全球波动振幅更大。

不过，国内试点碳市场 CCER 波动及其与国内配额的价差，比欧盟碳市场 CER 波动及其与欧盟配额价差的幅度已经好了很多。2018 年 12 月 24 日欧盟配额和 CER 收盘价分别为 25.18 欧元和 0.24 欧元，相差约 105 倍。

七、共性化的不确定性因素

1.《巴黎协定》替代《京都议定书》可能给四川乡村振兴低碳化发展带来的不确定性

农业碳交易是农业自愿减排项目产生的核证减排量交易，根据《京都议定书》清洁发展机制，将在国际碳交易市场，由终端买家用于抵消配额不足。2020 年替代《京都议定书》的《巴黎协定》至今还没有明确这种机制的延续性。

2018 年 12 月 3 日至 15 日在波兰卡托维兹召开的《联合国气候变化框架公约》第二十四次缔约方大会（the 24th Conference of the Parties，COP 24），制定了一揽子《巴黎协定》的阶段性实施细则，包括自主贡献、减缓和适应气候变化、气候资金、技术、能力建设等规则，但发达国家与发展中国家的 CDM 机制没有确定性结果。巴西在会议期间提出并讨论的热带雨林碳信用议题，属于农林碳交易内容，未能形成确定性结论。美国、沙特阿拉伯、俄罗斯

---

① 数据来源：四川联合环境交易所。

和科威特在此次大会上，反对联合国政府间气候变化专门委员会全球温控在
1.5 摄氏度的提议，增加了包括农业碳交易在内的所有自愿减排量持续在国际
碳市场交易的不确定性。

2. 美国退出《巴黎协定》可能给四川乡村振兴低碳化发展带来的不确
定性

美国芝加哥气候交易所是全球最早、最规范进行农业碳交易的碳交易市
场，早已停止交易，特朗普 2017 年 6 月 1 日宣布退出《巴黎协定》，2017 年 8
月 4 日美国向联合国提交退出文书，2019 年 11 月 4 日，美国正式启动退出程
序，由此产生全球碳排放权市场"三农"碳交易的负面效应。虽然不少美国
州政府、企业领袖、学者、民主党人士形成了不小的"反退阵营"，但由于美
国在全球的影响力不减和小布什政府退出《京都议定书》的执政党气候变化
政策路径依赖，美国退出《巴黎协定》等因素给农业碳排放国际交易带来的
影响仍存在不确定性。

3. 新冠肺炎疫情产生的不确定性

新冠肺炎疫情重创全球各行各业，一方面严重影响碳市场需求主体对农业
自愿减排量抵消机制的需求，存在产生负面影响的趋势；另一方面，新型冠状
病毒疫情，再一次显示出人类的脆弱、瘟疫和大自然的强悍，绿色复苏，势在
必行，各国可能进一步强化绿色价格机制对乡村振兴、对各行各业的绿色驱
动，从而可能出现正、负两个方向的不确定性。

八、碳交易市场驱动四川乡村振兴低碳化发展的四个个性化问题

1. 乡村振兴政策与碳排放制度安排有待匹配性的完善

2017 年 5 月出台的《四川省控制温室气体排放工作方案》包含了四川省
农业温室气体排放工作计划，2018 年 9 月中共四川省委、省政府发布县团级
的《四川省乡村振兴战略规划（2018—2022 年）》，2019—2020 年全省各市、
地（州）、县（区）、镇（乡）层层出台本级《乡村振兴战略规划》，越到基
层越缺乏乡村振兴的低碳化联动。在碳市场驱动四川从农业大省转型为低碳
"'三农'绿省"实施过程中，需要通过双向修订，进一步匹配、互动、完善。

2. 四川低碳研究不多

虽有省社科院杜受祜、郭晓鸣、李晓燕和川农大等一批四川学者不同程度
地关注了低碳和低碳农业，但没有形成交叉学科的碳市场驱动四川乡村振兴的

科研成果，这与国家发展改革委将 CCER 试点碳市场平台放在成都不太匹配。这种状况如果持续下去，未来 CCER 交易平台可能真的会安家武汉。

3. 低碳认知分歧

四川学界存在低碳认知分歧。在私下的学术交流中发现，四川不少学者认为，碳排放权没有内在价值，碳交易和低碳化会提高企业经营成本，企业追求利润最大化的"理性经济人"从逻辑上决定了碳市场驱动低碳化会出现"市场失灵"。

4. 后期管理欠佳

国家发展改革委的数据显示，四川省农业碳交易项目参与国际碳交易的后期管理欠佳，具体表现为：四川 CER 的国家发展改革委审批和联合国注册项目个数、估算减排量均为全国第一，但 CER 签发项目数滑落至全国第三位，位居内蒙古和云南之后；CER 签发估算减排量更位居全国第四位，排在江苏、浙江、内蒙古后面。

第四节　碳交易市场驱动乡村振兴低碳化发展的"产业兴旺"路径

陈学云、程长明（2018）构建了乡村振兴一、二、三产业融合发展水平评价指标的农业指标，具体包括农业固定资产投资增长率、农业就业增长率、粮食单产、农业投资效果系数、农业劳动生产率五个指标。陈学云、程长明没有将低碳化发展指标纳入产业融合、产业兴旺、生态宜居、乡风文明、治理有效、生活富裕任何一个视角。这是研究乡村振兴产业融合的低碳化视角缺憾。本章认为，政府在将学界研究成果转化为政策和制度安排时，需要将四川农业低碳化发展指标和碳市场交易指标纳入乡村振兴评价指标体系。

在碳税缺失的状况下，碳市场定价机制必然在乡村振兴战略农业兴旺碳资源配置中发挥决定性作用，使农业振兴不走高碳老路，在低碳新途中"变道超车"。农业产业兴旺，既需要农业产量的增长，更需要农业质量的提升。这就要求农业在产业兴旺过程中低碳化发展，而低碳化发展的一个有效市场手段就是碳市场定价机制。国家发展改革委借鉴联合国气候变化框架公约（UNFC-CC）的 CDM 项目方法学和联合国政府间气候变化专门委员会的碳排放指南，结合中国实际，于 2013 年 3 月 11 日至 2016 年 11 月 18 日，分 12 批审批公布了 205 个"方法学"，其中可以用于乡村振兴低碳化发展的"方法学"38 个，为当年国内区域试点碳市场提供了技术标准，现在看来也为乡村振兴低碳化发展减排项目未来进入全国统一碳市场提供了可供参考的修订范本。乡村振兴战略提出以来，国务院机构改革将碳市场归口到生态环境部，生态环境部将在国家发展改革委试点碳市场法规的基础上提请国务院发布《碳排放权交易管理条例》，出台《碳排放权交易管理条例实施细则》，修订《温室气体自愿减排管理办法》，依法促进农业产业低碳化转型、低碳化兴旺、可持续发展，并以 38 个涉农"方法学"为技术标准形成"碳交易+种植业"的种植业低碳化发展路径、"碳交易+养殖业"的养殖业低碳化发展路径、"碳交易+非农产业"的非农产业低碳化发展路径。

一、碳交易市场驱动四川种植业低碳化发展的路径

美国加州空气资源委员会 2013 年采用美国环保协会（Environmental Defence Fund，EDF）和美国碳注册处（American Carbon Registry，ACR）的碳补偿协议，在加州—魁北克碳市场首开水稻生产碳减排先河。国家发展改革委在机构改革前的 2013 年 3 月 11 日至 2016 年 11 月 18 日，借鉴美国、欧盟种植业碳减排"方法学"国际经验，参考中国区域试点碳市场"方法学"规制思路，分 12 批审批公布了 38 个可用于乡村振兴低碳化发展的"方法学"，其中，涉及种植业的"方法学"7 个。这些"方法学"在 2020 年全国统一碳市场进入深化、完善交易期后，可投入种植业碳交易实践。中国农业种植业落后，处于"高碳"状态，是不争的事实。通过体制机制改革、科学技术驱动、创新动能激活逐步做大农业种植业是可能的，同时通过碳交易等手段使种植业从高碳种植转向低碳种植成为必由之路。

7 个种植业碳交易"方法学"具体包括水稻栽培、保护性耕作、小农场农业、酸性土壤循环和 3 种堆肥"方法学"，这里仅以水稻栽培"方法学"为例，阐释种植业碳交易的减排逻辑。国家发展改革委批准的水稻栽培"方法学"全名为"在水稻栽培中通过调节供水管理实践来实现减少甲烷的排放"。基线情景下的稻田种植季节的排放计算公式为

$$BE_y = \sum_s PE_s \qquad (6-1)$$

$$BE_s = \sum_{g=1}^{G} EF_{BL,s,g} \times A_{s,g} \times 10^{-3} \times GWP_{CH_4} \qquad (6\text{-}2)$$

式中，BE_y 表示第 y 年基线排放量（tCO_2e），BE_s 表示稻田第 s 季节的基线排放量（tCO_2e），$EF_{BL,s,g}$ 表示第 s 季节第 g 类型的基线排放因子（$kgCH_4/ha/$季），$A_{s,g}$ 表示第 s 季节第 g 组的稻田面积（ha），GWP_{CH_4} 表示甲烷的全球变暖潜势（tCO_2e/tCH_4），g 表示第 g 组（G 为所有组的总数）。

项目实施后每个季节的稻田甲烷排放计算公式为

$$PE_y = \sum_s PE_s \qquad (6\text{-}3)$$

$$PE_s = \sum_{g=1}^{G} EF_{P,s,g} \times A_{s,g} \times 10^{-3} \times GWP_{CH_4} \qquad (6\text{-}4)$$

式中，PE_y 表示第 y 年项目活动的稻田甲烷总排放量（tCO_2e），PE_s 表示稻田第 s 季项目活动下的稻田甲烷排放量（tCO_2e），$EF_{P,s,g}$ 表示第 g 组第 s 季项目活动下稻田甲烷排放因子（$kgCH_4/ha/$季）。

项目减排量计算公式为

$$ER_s = BE_s - PE_s \qquad (6\text{-}5)$$

式中，ER_s 表示第 s 季减排量（tCO_2e）。

四川农业种植业处于"高碳"状态，借助碳交易使种植业从高碳种植转向低碳种植是必然趋势。具体来讲，就是使农田耕作方式、间作轮作、农田管理、化肥减量、农产品结构调整、种子优选、秸秆禁烧还田或商业化等所有种植业的全品种、全地域、全过程，遵循低碳技术要求，进行低碳化种植业农业生产。然后，将低碳化生产减少的碳排放量，按照"基准线、额外性、方法学"规范计量、监测、统计、核查、集成，在全国统一碳市场进行"中国核证减排量"交易，获得货币收益。这样的种植业低碳化发展方式可以称为"碳交易+种植业"模式，有增量的赚钱效应，有符合国际低碳化游戏规则的低碳转型技术路线和可度量标准，有适应、减缓气候变化的种植业产业发展贡献，这不仅是中国、四川，也是全球发达国家、发展中国家、最不发达国家种植业低碳发展的一种市场化的乡村振兴路径。

二、碳交易市场驱动四川养殖业低碳化发展的路径

碳交易可以促进养殖业低碳化发展，形成"碳交易+养殖业"的养殖业低碳化发展路径。养殖业碳交易主要适用于已有养殖企业、养殖合作社、养殖

场、养殖专业大户基于"基准线、额外性、方法学"的核证减排量交易。针对的碳排放物主要指养殖的动物排放的粪便中的温室气体——甲烷。养殖分类包括养猪、养牛、养马、养鸡、养鸭、养兔和水产养殖等业态。较为良好的方式是"碳交易+养殖业"模式，即养殖业与碳交易结合。"碳交易+养殖业"就是让养殖业在清洁生产、低碳生产的同时，将产生的核证减排量市场化、商业化、货币化。国家发展改革委在区域试点碳市场定价机制时期，审批备案的碳减排"方法学"涉及养殖业的"方法学"6个。

三、碳交易市场驱动四川农村非农产业低碳化发展的路径

农业土壤的固碳经典案例，是 2010 年纳入国际碳市场审批流程的肯尼亚 4 万公顷土地可持续管理的碳抵消项目和撒哈拉以南非洲国家 70%的碳排放源于土地利用退化项目（世界银行，2012）。加强土地、水资源管控，可以有效减少碳排放。世界银行一直在以实际融资方式推动农村小规模核证减排量项目进行碳交易，这是中国和四川乡村振兴低碳化发展可以借鉴的经验。至于农产品加工产业和乡村旅游产业，碳交易项目与其他第三产业的碳交易项目并无二致，只是具有布局零散和规模较小的特征。相比第一产业，更容易形成"碳交易+非农产业"的低碳化发展模式。宜耕宜牧的低碳土壤，宜呼宜吸的低碳环境，可以促进农业低碳化发展和可持续发展，甚至使低碳化发展成为农业现代化的标志之一。

第五节　碳交易市场驱动乡村振兴低碳化发展的"生态宜居"路径

陈秧分、黄修洁、王丽娟（2018）从乡村振兴评价指标的视角，将生态宜居分为村庄绿化程度、农村用水安全、农村厕所卫生情况、农村生活垃圾处理四个方面。但他们没有将低碳化发展指标纳入产业兴旺、生态宜居、乡风文明、治理有效、生活富裕的任何一个视角，留下了乡村振兴评价指标低碳化视角的缺憾。

碳交易市场可以促进生态宜居低碳化。主要从农村基础设施建设、农民房屋建设、生产生活生态协同等方面推进乡村振兴战略总要求中的生态宜居。通过碳市场还可以实现时间上和空间上的"三生"协同：统筹生产、生活、生态。基础设施建设、农房建设、农厕沼气化运营，都离不开低碳化内核装备。

碳市场作为低碳化内核的引擎，可以形成的子路径包括："碳市场+山水林田湖草"的生态宜居屏障路径、"碳交易+乡村基础设施"的乡村场镇建设路径、"碳交易+农房"的生态宜居家庭路径、"碳交易+农厕"的改造路径。这是丘陵地区可以做出特色的乡村振兴路径。

一、碳交易市场驱动四川山水林田湖草低碳循环发展的路径

"山水林田湖草"都具有吸收大气中二氧化碳的功能，植物的叶绿素通过太阳能光合作用，可以在吸收 6 个分子的二氧化碳的同时创出 1 个分子的葡萄糖和 6 个分子的氧气。以树木为例，大气中的二氧化碳，可以被树木自动固定在树的干、枝、叶上，每生产 1 克干物质森林可以吸收 1.84 克的碳，按造林项目计算，每产出 1 立方米的木材，可以吸收 850 千克碳。国际碳市场森林碳交易实践显示，减少毁林和森林退化（REDD）、造林和再造林（A/R）项目，2005 年在联合国气候变化框架公约（UNFCCC）第 11 次会议上初现动议，2007 年进入巴厘岛 UNFCCC 第 13 次会议正式谈判议题，2009 年哥本哈根第 15 次大会和坎昆第 16 次会议形成了 REDD 扩展版。国内实践方面，福建省 2017 年 5 月 3 日通过的《福建省林业碳汇交易试点方案》提出每年新增碳汇量 100 万吨以上。2017 年福建省还在顺昌、永安、长汀、德化、华安、霞浦、龙岩等 20 个县（市、区）、林场开展了林业碳汇交易试点。四川虽然有国际经验，但福建的这些做法，是碳交易驱动四川山水林田湖草低碳化发展助推乡村振兴的可借鉴经验。国家和四川省在 2019 年先后出台了林草碳汇的低碳化发展方案，需要与"碳交易"融合，达到碳交易市场和国际认可的减排效果。

二、碳交易市场驱动四川农村基础设施低碳化建设的路径

这里的基础设施单指农村土建性基础设施，包括镇、村、组、户的道路、照明、生产用水用电用气、生活用水用电用气、非农房房屋、村镇绿化等，都可以以县为单位，集成项目减排量，进行碳交易。对于一些距离变电站较远的偏远乡村，直接使用本村本组的沼气资源、太阳能资源、水电资源、风电资源、地热发电资源甚至核电资源，自主发电输电用电，等等。这些清洁能源发电形成的 CER 和 CCER，可以通过碳市场路径变现。有牧场、专业合作社、专业大户、家庭农场资源的乡村，可以发展"碳交易+'沼-种-养-电-制'"低碳循环盈利模式：沼气化粪发电，沼渣灌溉农作物、电力制造秸秆饲料和秸

秆加工商品，饲料饲养牲畜，减排量进入碳交易市场路径。

三、碳交易市场驱动四川"农房+新能源"低碳化建设的路径

中国乡村农房建设是一项巨大而持续的基本建设项目。农房建设可以在建设前规划碳交易路径，建设中实施碳交易项目，建设后产出核证减排量。题中所指新能源项目包括沼气化的农村厕所革命、太阳能光伏发电的家用电器系统、风力发电家用电力系统、水力发电自供系统、地热（冰热和天然气）发电系统、太阳能热水器、隔热保暖材料的减排效应等。

四、碳交易市场驱动四川农厕沼气运营低碳化的路径

目前轰轰烈烈的农村公厕建设，不能一建了之，更不能成为农村排泄物的集散地。可以采用公共财政投资的形式给予五年的厕所维护保养经费，五年之后推动农厕与碳市场接轨，让农厕沼气产生的 CER 或 CCER 在碳市场变现，让碳市场在农厕革命中发挥碳资源转化为货币资源的长效。四川在这方面具有碳交易市场平台优势。

第六节　碳交易市场驱动乡村振兴低碳化发展的"乡风文明"路径

张挺、李闽榕、徐艳梅（2018）在乡村振兴评价指标体系中，将乡风文明划分为文化教育建设、公共文化发展、优秀文化传承三个二级指标，八个三级指标。这个研究团队仍然没有将低碳化发展指标纳入产业兴旺、生态宜居、乡风文明、治理有效、生活富裕的任何一个视角。本章认为，乡村振兴的乡风文明建设必须在未来植入低碳理念、低碳文化、低碳文明。让习近平生态文明思想引领乡风文明，绿色低碳理念植入乡风文明，中华文明融入乡风文明，从而还原乡风文明的绿色低碳本相。

一、碳交易市场驱动四川中华文明传统文化低碳传承的路径

中华文明传统文化的"天人合一"蕴含着自然、生态的低碳思想内涵，乡村振兴总要求中的乡风文明，既包含着源远流长的"仁、义、礼、智、信"

的"五常"文明传承，也包含着对低碳农业、低碳农村、低碳农民的现代文明追求。乡村振兴既是经济转型的振兴，也是文化思辨的振兴、精神时尚的振兴。低碳代表着时尚、未来、成长。只有农民具备低碳思维，"碳币"才可能"人民币化"。第一次工业革命时期"焦炭-英镑"驱动英国傲立西方；第二次工业革命时期"石油-美元"成就了美国的崛起；第三次工业革命时期"碳币-人民币"可能给中国一个机会，甚至与欧盟联合打造基于中、欧货币的"碳币体系"。

二、碳交易市场驱动四川乡风文明低碳建设的路径

生态文明包括绿色、低碳、环保三个维度。生态文明表明宏观目的——人类追求可持续发展；绿色理念表述实现生态文明的程度——经济发展与环境的协调性程度；低碳理念表达微观主体绿色化的程度——微观企业从高碳生产方式转变为低碳生产方式；环保理念表现治理管控绿色程度、低碳措施、生态目的。

"创新、协调、绿色、开放、共享"的内涵都包含着高碳经济、高碳农业向低碳经济、低碳农业转型。"绿水青山就是金山银山"已经成为全国绿色低碳转型共识，必然引领乡村振兴战略中乡风文明的农业产业低碳化转型、农村全域低碳化转型、农民衣食住行低碳化转型。全国低碳转型应当重视农业、农村、农民低碳化转型的短板和"三农"与低碳天然友好的特征。如果农村都没有绿水青山，城里哪来的绿水青山？绿水青山不是一句口号，需要具体内容，这个具体内容可以由碳市场载体来确定，逐步形成乡乡、村村、组组、户户、人人都具有低碳理念的乡风文明新时尚。

三、碳交易市场驱动四川乡风文明绿色低碳本相还原的路径

现代乡村的农业生产、农村建设、农民衣食住行会产生一定的碳排放。乡村与低碳本属环境友好关系，若未来乡村振兴战略关注"三农"碳排放"基准线"上的"额外性"减排，避免乡村振兴"先污染、后治理"，就需要低碳化的乡风文明理念来还原乡村低碳化本相。但这项绿色内生系统工程，单靠行政命令、精英倡导不可持续，唯有通过碳市场路径驱动，才能还原并保持乡村绿色低碳本相。

第七节 碳交易市场驱动乡村振兴低碳化发展的"治理有效"路径

吕德文（2018）在基层乡村治理空间再造中提出了生态环境治理任务，并将其分解为自然湾、水污染、湖长制等具体治理工作。但是，吕德文教授没有关注到低碳化的环境治理。

本节认为，碳交易市场可以成为乡村低碳化治理绩效的考核工具。将乡村低碳化治理产生的 CER 或 CCER，通过碳市场换成货币，从而可以衡量乡村"绿水青山"换取城市"金山银山"的具体数量。

一、碳交易市场驱动四川乡村治理低碳化的路径

乡村振兴战略在实施过程中如何体现出"治理有效"？碳交易可以提供一个市场化的量化指标。那就是减排了多少吨碳；让农村"绿水青山"减排量通过碳市场换回来了多少"金山银山"——货币额。以此来度量乡村振兴低碳化治理是否有效、乡村干部绩效，以此来衡量一个村、一个组、一个农业企业、一户农户在乡村振兴低碳化发展中的减排绩效，同时还可以横向比对本村与他村、本组与他组、本企业与他企业、本户与他户之间的低碳化发展绩效、干部绩效、主体业绩。这样的量化指标可以与农业、农村、农民经济普查关联起来，形成乡村振兴低碳化发展质量的统计指标。

二、碳交易市场驱动四川"绿水青山"渐变为"金山银山"的路径

杜绝政府替代市场，建立城乡统一的要素市场是实施乡村振兴战略的五大路径之一（张海鹏 等，2018）。全国统一碳市场是连接城乡的一个绿色金融减排要素市场，可以将乡村振兴低碳化发展过程中"三农"产生的减排量换成货币，出资购买减排量的终极主体主要是城市工业化过程中超额排放的工业企业。整个过程的完成，可以说是"三农"用"绿水青山"，从工业企业手中换回"金山银山"的实现方式。换句话说，碳市场是实现"金山银山"理论的一个市场化路径。

三、碳交易市场驱动四川乡村振兴低碳化发展的科技特派员路径

乡村低碳化治理的责任人员，需要理念、知识、技术的武装，改革科技特派员制度，将四川科技特派员试点从县域特派员下扩至乡、村特派员。四川的特派员工作范围可以增加乡村振兴低碳化发展的碳市场逻辑组织、推广。

第八节　碳交易市场驱动乡村振兴低碳化发展的"生活富裕"路径

廖文梅、童婷、胡春晓（2019）在脱贫攻坚与乡村振兴协同研究的综合水平评价体系中，将农民"生活富裕"指标划分为城乡收入之比、城乡消费水平之比、恩格尔系数、公路里程数等次级指标。他们的指标体系没有涉及低碳扶贫和低碳致富视角，在产业兴旺、生态宜居、乡风文明、治理有效视角，也没有设计低碳化指标。本章认为，碳交易市场是助推四川农民脱贫致富的新路径、新模式、新机制。

一、碳交易市场驱动四川乡村振兴低碳化发展的财政支持路径

"三农"参与碳市场交易，一般不是以强制减排的配额形式，而是以自愿减排的项目形式。凡是以项目形式参与碳交易的农户、农业企业等项目主体，一旦产生可测度、可核查的减排量，就可以碳市场卖出 CER 或 CCER，从而取得利润。但这个过程存在一个风险：如果项目最终没有通过审批，此前产生的各项费用就成为净亏损。如果项目申报、核查、统计、审批费用由财政支持，那么，四川乡村振兴过程中四川"三农"碳交易项目提供者，就一定不会亏损，真金白银的利润就可以驱动农民脱贫致富。

二、碳交易市场驱动四川低碳扶贫的路径

四川学者早就注意到低碳农业的巨大潜力（杜受祜，2010），并以四川甘孜、阿坝、凉山三州的情况为依据，呼吁国家制定一系列扶持民族地区经济的发展战略（杜受祜，1985）。乡村振兴、精准扶贫、低碳扶贫都是这样的战略。2018 年 1 月国家发展改革委等六部委联合发布的《生态扶贫工作方案》（下称扶

贫方案）明确提出"探索碳交易补偿方式"，要求结合全国碳市场启动，推动 CDM 机制和自愿减碳交易机制改革，支持林业碳汇减排补偿。湖南省张家界市武陵源区按照扶贫方案，2018 年从保护森林景区移民 20 多户农户。农户移民后不仅可以仍吃旅游饭，还可享受生活保障金、森林资源补偿、集体经济分红等五种补贴。2017 年张家界全市旅游扶贫脱贫 48 000 人，旅游扶贫脱贫贡献率达到 44%。张家界的旅游景区移民模式虽然无法复制到四川全域，但四川九寨沟、黄龙寺、峨眉山、青城山等旅游景区在已有低碳化移民措施基础上，可以进一步借鉴他人经验。关键在于四川的低碳扶贫方案衍生的搬迁试点、生态管护岗位、特色林业、生态旅游、特色种养等多种支持方式和补偿机制，应尽量与碳交易市场对接；问题则在于零散的减排成果怎样形成规范的碳交易项目。碳交易路径在使农民脱贫的同时，必须能够满足碳配额不足的企业通过碳交易市场购买"三农"核证减排量愿望，使全球碳减排成本自动实现帕累托最优，从而形成应对、减缓、适应气候变化的一种多赢模式。四川不仅有甘孜、阿坝、凉山州等深度贫困地区，还有一些特殊地区，比如攀西，既是经济战略区，又是生态脆弱区和小康社会建设难点（周江，2017），碳交易若能驱动这些地区通过森林碳汇脱贫，意义重大。碳交易是一个值得推广的绿色要素市场工具，但对经济发展可能产生负面效应，需要管控心理预期，各界协同推进①。

三、碳交易市场驱动四川村民致富的路径

程莉、文传浩（2018）构建的乡村振兴评价指标体系将农民生活改善划分为生产性就业、农民收入水平、农民消费水平、农民社会保障四个指标，并将生态环境建设指标分解为十种计算方法。但程莉、文传浩的研究也没涉及低碳指标和碳市场内容。本章认为，需要将低碳致富、绿色致富纳入四川农民生活富裕指标体系，同时注意脱贫致富的差异化特征。生活富裕是乡村振兴战略的五大方针之一，需要尊重乡村内部也存在发展不平衡的客观现实。生活富裕是具有差异化的相对富裕，更多需要纵向比较。已经富裕的地区，进一步高位求进才算"生活富裕"，如果进一步横向带动贫穷农户共同致富则可称为"有品位的标杆式生活富裕"；贫穷地区，脱贫不返贫可以算作纵向比较的"相对富裕"。

---

① 周江 2019 年 4 月 22 日在四川省生态环境厅举办的《碳排放权交易暂行条例》征求意见会议上的观点。

第九节　政策建议

研究表明，四川省具有成功参与国际碳交易并领先全国的市场实践优势，具有非试点市场地区的唯一试点碳市场交易平台资源，具有传统农业资源的"基准线"优势，国内外的碳交易实践和经验通过碳交易驱动四川乡村振兴低碳化发展是可行的，也是必要的。因为"三农"低碳化发展是乡村振兴战略的内在要求，而在没有开征碳税的情况下，碳市场在低碳化发展中将发挥决定性作用。研究显示，碳交易驱动四川乡村振兴低碳化发展可以通过"碳交易+产业兴旺""碳交易+生态宜居""碳交易+乡风文明""碳交易+治理有效""碳交易+生活富裕"五大路径来实现。但是，四川要做到乡村振兴低碳化发展，还存在碳市场自身缺陷、对低碳认知不足、前期费用障碍、差价大、比价高等六大共性化问题和制度安排匹配、理论成果很少、学界认知差异、CER 后期管理欠佳四大个性化问题。结合四川省的差异化特征，笔者提出五点政策建议供参考。

一、构建系统化政策体系

建议农业农村厅、生态环境厅、发改委联合牵头，成立碳交易驱动四川乡村振兴低碳化发展的四川"碳交易+低碳'三农'"研究团队，团队成员主要由省内高校、科研院所、四川联合环境交易所、碳资产中介公司的技术骨干组成，将国家顶层设计和四川具体实际结合起来，编制《碳交易驱动四川乡村振兴低碳化发展规划纲要》。

二、尝试三类试点

进行碳交易驱动四川乡村振兴低碳化发展的"低碳'三农'市（县）"试点，在全省选择 30 个市（县），进行梯度分类：第一类 10 个市（县），自上而下地选在具有造林和减少毁林项目的甘孜、阿坝、凉山等深度贫困地区，助推低碳扶贫；第二类"低碳'三农'市（县）"，自上而下地选在具有"沼、养、种、造"低碳循环的种养结合大市（县）；第三类，在全省范围内通过自下而上地公开竞标，筛选出碳交易驱动四川乡村振兴低碳化发展的 10 个"低碳'三农'市（县）"。

三、推动多方联动

推动首批纳入全国统一碳市场控排的四川境内电力企业、研究团队、试点县、试点主体、高校、科研院所、碳市场平台、中介机构等的多方联动和市场化资源整合。

四、财政资金支持前期申报费用

由四川省财政先期安排启动资金设立"蜀碳惠农基金",作为上述三项政策建议的资金支撑和乡村振兴 CCER 项目前期申报费用。后续资金逐步由两个部分构成:一是年度省级财政预算,二是中央财政支持。

五、构建碳交易驱动四川乡村振兴低碳化发展的指标体系

"碳交易+'三农'",是四川乡村振兴高质量低碳化发展的一大低碳绿色增长路径,由此可以构建碳交易驱动四川乡村振兴低碳化发展的指标体系(见表6-3),并根据乡村振兴战略20字总方针——产业兴旺、生态宜居、乡风文明、治理有效、生活富裕,向各地市州、县市区层层设定具体指标,多点并发,多点支撑。

表 6-3　碳交易驱动四川乡村振兴低碳化发展的路径层级和指标体系

宏观路径	中观路径	低碳指标	指标计算的"方法学"、依据或内容	单位
产业低碳化兴旺的宏观路径	种植业低碳化发展的中观路径	碳排放量	《保护性耕作减排增汇项目方法学》等	吨
		碳减排量	《家庭或小农场农业活动甲烷回收》等	吨
		碳交易量	碳交易市场成交量	吨
		碳交易额	银行到账额	元
	养殖业低碳化发展的中观路径	碳排放量	《动物粪便管理系统甲烷回收》等	吨
		碳减排量	《反刍动物减排项目方法学》等	吨
		碳交易量	碳交易市场成交量	吨
		碳交易额	银行到账额	元
	农村非农产业低碳化发展的中观路径	碳排放量	农作物秸秆替代木材生产人造板项目等	吨
		碳减排量	《从沼气中提取甲烷制氢(第一版)》等	吨
		碳交易量	源自碳市场成交量	吨
		碳交易额	银行到账额	元

表6-3(续)

宏观路径	中观路径	低碳指标	指标计算的"方法学"、依据或内容	单位
生态宜居低碳化的宏观路径	统筹山水田林湖草低碳化的中观路径	碳排放量	《森林经营碳汇项目方法学》等	吨
		碳减排量	"可持续草地管理减排计量与监测"等	吨
		碳交易量	碳交易市场成交量	吨
		碳交易额	银行到账额	元
	农村公共基础设施低碳化的中观路径	碳排放量	《户外和街道的高效照明(第一版)》等	吨
		碳减排量	《供热中使用地热替代化石燃料》等	吨
		碳交易量	碳交易市场成交量	吨
		碳交易额	银行到账额	元
	农房低碳化建设和发展的中观路径	碳排放量	《户用太阳能灶(第一版)》等	吨
		碳减排量	家庭小型用户应用沼气生物质产热等	吨
		碳交易量	碳交易市场成交量	吨
		碳交易额	银行到账额	元
乡风低碳化文明的宏观路径	传统文化中低碳思想建设的中观路径	古代思想	挖掘儒家传统文化的程度	—
		群众思维	低碳思维深入群众的程度	%
		本土特色	本地区本民族独有的低碳特色和亮点	—
		乡规民约	乡规民约中的低碳制度建设程度	%
	新发展理念中低碳思想建设中观路径	低碳宣讲	新发展理念的低碳绿色宣传程度	%
		低碳学习	新发展理念的低碳绿色学习程度	%
		低碳语言	低碳绿色语言的普及程度	%
		低碳行动	低碳绿色行动的践行程度	%
	乡风文明中低碳认知建设的中观路径	低碳乡风	统计省、地、县、乡低碳文明认知程度	%
		低碳村组	调查统计村组的低碳文明认知程度	%
		低碳家庭	调查村民家庭的低碳文明认知程度	%
		低碳个人	调查村民个人的低碳文明认知程度	%

表6-3(续)

宏观路径	中观路径	低碳指标	指标计算的"方法学"、依据或内容	单位
乡村低碳化治理的宏观路径	乡村治理中低碳化绩效考核的中观路径	碳排放量	省、市、县或镇或村碳排放量和碳强度	吨
		碳减排量	本省(市、县或镇或村)的碳减排量	吨
		碳交易量	本省(市、县或镇或村)的碳交易量	吨
		碳交易额	本省(市、县或镇或村)的碳交易额	元
	"绿水青山"转换为"金山银山"的中观路径	碳排放量	本区域的"两山"转换碳排放量	吨
		碳减排量	本区域碳减排中"两山"转换碳减排量	吨
		碳交易量	本区域碳交易中"两山"转换碳交易量	吨
		碳交易额	本区域碳交易中"两山"转换碳交易额	元
	科技特派员助推低碳治理的中观路径	碳排放量	科技特派员区域"两山"转换碳排放量	吨
		碳减排量	科技特派员区域"两山"转换碳减排量	吨
		碳交易量	科技特派员区域"两山"转换碳交易量	吨
		碳交易额	科技特派员区域"两山"转换碳交易额	元
生活低碳化富裕的宏观路径	财政优先资助"三农"CCER的中观路径	资助金额	各级财政各个时期资助"三农"CCER的金额	元
		年减排量	财政资助"三农"CCER的项目数和年减排量	个、吨
		CCER签发	财政资助"三农"项目的实际CCER签发量	吨
		资助效益	各级财政各个时期资助"三农"CCER的收益	元
	低碳扶贫中观路径	项目个数	低碳扶贫"三农"CCER的项目数和覆盖面	个、%
		年减排量	低碳扶贫"三农"CCER的年减排量	吨
		CCER签发	低碳扶贫"三农"项目的实际CCER签发量	吨
		扶贫效益	通过"三农"CCER扶贫的脱贫面和脱贫程度	户、%
	低碳致富中观路径	致富个数	低碳致富"三农"CCER的项目数和覆盖面	个、%
		年减排量	低碳致富"三农"CCER的年减排量	吨
		CCER签发	低碳致富"三农"项目的实际CCER签发量	吨
		致富效益	"三农"CCER的收益和致富带动效应评估	元、户

参考文献

陈昌洪，2016. 低碳农业标准化理论分析与发展对策［J］. 西北农林科技大学学报（社会科学版），16（1）：52-58.

陈胜涛，朱福兴，2018. CGE 模型在农业碳排放权交易中的应用［J］. 统计与决策（7）：92-95.

陈学云，程长明，2018. 乡村振兴战略的三产融合路径：逻辑必然与实证判定［J］. 农业经济问题（11）：91-100.

陈秧分，黄修杰，王丽娟，2018. 多功能理论视角下的中国乡村振兴与评估［J］. 中国农业资源与区划（6）：201-208.

陈云贤，2019. 中国特色社会主义市场经济：有为政府+有效市场［J］. 经济研究，54（1）：4-19.

程莉，文传浩，2018. 乡村绿色发展与乡村振兴：内在机理与实证分析［J］. 技术经济（10）：98-106.

杜国明，于佳兴，刘美，2018. 县域乡村振兴规划编制的理论基础与实践［J］. 农业经济与管理（5）：11-19.

杜受祜，1985. 对兄弟民族地区农村发展商品经济的再认识［J］. 中国农村经济（2）：5-7.

杜受祜，2010. 低碳农业：潜力巨大的低碳经济领域［J］. 农村经济（4）：3-5.

葛全胜，王芳，王绍武，2014. 对全球气候变暖认识的七个问题的确定与不确定性［J］. 中国人口·资源与环境，24（1）：1-6.

郭晓鸣，2018. 实施乡村振兴战略的系统认识与道路选择［J］. 农村经济（1）：11-20.

韩松，张建伦，秦路，2014. 国际农业土壤碳交易机制发展现状、问题与启示［J］. 世界农业（8）：38-42.

河南省人民政府发展研究中心"乡村振兴战略研究"课题组，2018. 河南省乡村振兴指标体系研究［J］. 农村·农业·农民（B版）（4）：24-35.

贾磊，刘增金，张莉侠，等，2018. 日本农村振兴的经验及对我国的启示［J］. 农业现代化研究，39（3）：359-368.

李波，2011. 我国农地资源利用的碳排放及减排政策研究［D］. 武汉：华中农业大学.

李鹤，张婧，2010. 农业碳交易与农村扶贫［J］. 中南民族大学学报（人文社会科学版）（11）：118-122.

李晓燕，何晓玲，2012. 四川发展低碳农业的基本思路：基于国内外经验借鉴与启示［J］. 农村经济（11）：48-52.

廖文梅，童婷，胡春晓，2019. 脱贫攻坚与乡村振兴的协同性分析：以江西为例［J］. 农林经济管理学报，18（2）：255-265.

芦千文，姜长云，2018. 乡村振兴的他山之石：美国农业农村政策的演变历程和趋势［J］. 农村经济（9）：1-8.

吕德文，2018. 乡村治理空间再造及其有效性——基于 W 镇乡村治理实践的分析［J］. 中国农村观察（5）：95-110.

罗婷，2014. 农业产业活动碳排放计量及其方法学开发——案例研究［D］. 南京：南京农业大学.

彭保发，谭琦，鞠晓生，2015. 诺贝尔经济学奖得主对气候变化经济学的贡献［J］. 经济学动态（12）：141-151.

世界银行，2012. 世界碳市场发展状况与趋势分析（2011 年）［M］. 郭兆晖，译. 北京：石油工业出版社：68.

王景新，支晓娟，2018. 中国乡村振兴及其地域空间重构——特色小镇与美丽乡村同建振兴乡村的案例、经验及未来［J］. 南京农业大学学报（社会科学版），18（2）：17-28，157-158.

韦家华，连漪，2018. 乡村振兴评价指标体系研究［J］. 价格理论与实践（9）：82-85.

习近平，2019. 推动我国生态文明建设迈上新台阶［J］. 求是（3）：4-19.

向国成，李宾，田银华，2011. 威廉·诺德豪斯与气候变化经济学——潜在诺贝尔经济学奖得主学术贡献评介系列［J］. 经济学动态（4）：103-107.

谢富胜，程瀚，2014. 碳市场能解决气候变化问题吗？［J］. 教学与研究（7）：20-27.

谢富胜，程瀚，李安，2014. 全球气候治理的政治经济学分析［J］. 中国社会科学（11）：63-82.

许广月，2010. 中国低碳农业发展研究［J］. 经济学家（10）：72-78.

张海鹏，郜亮亮，闫坤，2018. 乡村振兴战略思想的理论渊源、主要创新和实现路径［J］. 中国农村经济（11）：2-16.

张挺，李闽榕，徐艳梅，2018. 乡村振兴评价指标体系构建与实证研究［J］. 管理世界，34（8）：99-105.

张宇，朱立志，2019. 关于"乡村振兴"战略中绿色发展问题的思考［J］. 新疆师范大学学报（哲学社会科学版），40（1）：65-71.

浙江省统计局课题组，2019. 浙江乡村振兴评价指标体系研究［J］. 统计科学与实践（1）：8-11.

周江，2017. 推进攀西地区建成四川特色经济增长极［J］. 四川省情（8）：34-35.

第七章　绿色金融服务乡村振兴的实践探索与思考——以四川为例

本章摘要：我国农村绿色金融发展滞后，难以满足乡村振兴战略多层次、多样化的绿色融资需求。以四川为例，对绿色金融与农村绿色金融的实践探索和问题进行剖析，并从以下三个层面进行优化农村绿色金融服务乡村振兴的思考：在宏观层面，以细化政府支持机制为牵引，完善农村绿色金融政策；在中观层面，倡导在四川省探索创新"小组互助"绿色信贷模式，并构建绿色金融产品体系，拓宽绿色资金融资渠道；在微观层面，对内鼓励涉农金融机构积极参与农村绿色金融业务，对外进行建立外资金融机构在四川乡村从事绿色金融业务的改革开放试点。

关键词：绿色金融　乡村振兴　四川省

2017年9月，中共中央办公厅、国务院办公厅印发的《关于创新体制机制推进农业绿色发展的意见》首次全面提出了农业绿色发展的总体目标。2019年2月，中国人民银行等五部门联合印发的《关于金融服务乡村振兴的指导意见》，指出要围绕"三农"绿色金融，强化金融产品和服务方式创新，更好满足乡村振兴多样化融资需求。2019年4月，农业农村部印发《2019年农业农村绿色发展工作要点》，要求各级部门与涉农主体充分发挥绿色发展对乡村振兴的引领作用。绿色是"三农"的底色，要实现农业绿色发展、农村绿色治理、农民绿色增收，落实乡村振兴战略，离不开绿色金融的支持。

绿色金融强调经济与生态的动态平衡，绿色金融是中国金融业未来发展的重要方向（刘锡良 等，2019）。乡村振兴语境下的绿色金融，特指农村绿色金融，即金融部门把人与自然和谐共生作为一项基本原则，围绕乡村振兴的 20 字方针，通过绿色信贷、绿色债券、绿色保险等绿色金融产品优先满足"三农"金融服务需要，以此实现农村地区的可持续发展（杨林 等，2019）。绿色金融作为绿色发展的重要创新力，为乡村振兴提供了可持续发展的动力（安国俊 等，2018）。因此，发展农村绿色金融，对于乡村振兴战略的落实与促进金融机构的发展都具有重大意义。

第一节　四川绿色金融服务乡村振兴的实践探索

近年来，四川省在绿色金融支持"三农"领域做出了多项探索与实践。

一、绿色金融政策框架体系建立

1. 绿色金融制度框架形成

根据绿色发展的要求，四川省委、省政府陆续出台了相关的政策指导意见，有力推动了绿色信贷、绿色债券和绿色基金的发展。2018 年 1 月，省政府办公厅印发《四川省绿色金融发展规划》，统筹了全川绿色金融的发展，提出要构建绿色金融"一核一带多点"的空间格局，逐步建立多元化、广覆盖的绿色金融创新体系和绿色金融市场体系，标志着四川省绿色金融的制度安排框架建设完成。此外，截至 2017 年 4 月，四川省 71% 的市（州）政府制定了具体实施意见以推动绿色发展，余下 29% 的市（州）政府也在经济社会发展规划中体现了绿色发展理念（四川省金融学会课题组，2018）。

2. 绿色信贷制度完善

在绿色发展的大背景下，中国人民银行成都分行、银监局四川分局、四川环保厅等部门先后出台了《四川银行业支持建设美丽四川推进绿色信贷工作措施》《关于推进绿色金融支持绿色发展的指导意见》《关于落实环保政策法规防范信贷风险的意见》等政策实施意见。辖区金融机构推行节约、环保、低碳、安全等绿色理念，将绿色发展作为工作的主基调，多措并举发挥信贷杠杆作用，服务实体经济可持续发展。

二、绿色金融产品稳步发展

绿色信贷方面：从五市州①的绿色信贷投放规模来看，信贷投放总额逐渐增长，在各项贷款中的占比正逐渐上升。具体见表 7-1。

表 7-1　四川五市州绿色信贷情况统计

地区	统计时间	绿色贷款总额	其他说明
雅安市	2018 年年末	绿色贷款余额达 197.69 亿元	占各项贷款的 30.1%
甘孜州	2018 年年末	环保项目及服务贷款余额为 199.32 亿元	较年初增加 13.74 亿元，增长 7.4%，占各项贷款余额的 56.37%
广元市	2018 年 8 月末	绿色信贷余额为 123.57 亿元	较年初增加 5.58 亿元
遂宁市	2017 年 6 月末	7 家主要银行机构绿色信贷余额为 157.68 亿元	占各项贷款的 17.21%
阿坝州	2016 年年末	绿色贷款余额为 169.6 亿元	占各项贷款的 30.1%

从实践操作来看，"环保一票否决"制在各金融机构中得到了坚决执行，清洁能源、生态保护、节能减排等绿色项目的融资推进效果较好，比如广元金融机构的"秸秆发电"项目、宜宾金融机构的"经济林木（果）"林权抵押贷款、雅安的清洁能源水电项目贷款等。但是，从绿色信贷支持的项目来看，更多资金流向了清洁能源、可再生资源和绿色交通。

绿色债券方面：2017 年 3 月，乐山市商业银行 40 亿元绿色金融债券获批，实现了四川绿色债券零突破；2017 年 6 月，全国首单以非公开方式发行的绿色债券在四川发行，该单债券由纳兴实业集团有限公司发行，募集金额为 10 亿元；2018 年 11 月，四川省铁路产业投资集团有限责任公司申报获批的绿色公司债券在上交所成功发行首期，本期绿色公司债券是国内铁路行业首单、四川省内首单绿色公司债券。四川省绿色债券正有序发展。

绿色基金与绿色保险方面：2012 年成立了四川省治理荒漠化基金会，2017 年成立了四川省绿化基金会，目前正在推进城乡绿色发展产业引导基金的成立工作，将积极推动绿色产业的发展。至于绿色保险，正在构建强制性环

---

① 包括雅安市、遂宁市、广元市、阿坝州、甘孜州。

境污染责任保险和商业性环境污染责任保险相结合的保险市场机制。

三、"三农"绿色金融供给增加

近年来，在四川省委、省政府贯彻落实"五位一体"（经济建设、政治建设、文化建设、社会建设、生态文明建设）的总体布局与乡村振兴战略过程中，辖区内金融机构也越来越重视发展农村绿色金融业务。不少金融机构对绿色金融服务乡村战略进行了积极探索，取得了一定成效（见表7-2）。

表7-2　四川省绿色金融服务乡村振兴的部分实践

机构	实践措施
四川农村信用社联合社	建立绿色信贷管理机制，对资源综合利用、垃圾资源化利用、退耕还林等项目，开辟绿色通道，优先审查评估，增大信贷投入
巴中农商银行	依托农村特色资源，创新10余种绿色信贷产品，累计发放绿色信贷11.2亿元
宜宾金江农商银行	加大林权抵押贷款支持力度，调动林农和新型经营主体发展林业的积极性
邮储银行雅安市分行	开发设计了专门的"养牛贷"信贷产品；加强与当地农业信贷担保公司的沟通，充分发挥双方的合作优势，大力拓展农、林、牧、渔业市场
农行四川分行	重点支持成都周边、甘孜、广元生态旅游区建设；支持乡村旅游经营升级与县域旅游规模企业发展
遂宁银行	对接遂宁市重点培育的船山区龙凤镇、安居区拦江镇等特色小镇和美丽新村的融资需求，促进现代生态田园城市的全域建设
成都银行	制定《成都银行绿色信贷发展指导意见》，对接世界银行贷款中国食品安全示范项目成都生猪养殖、监测、溯源系统性改造工程
中国人民财产保险公司宜宾分公司	与宜宾市政府共同探索非林地的入保模式，扩大政策性森林保险覆盖面，完善了"林权证+保单"的抵押贷款模式
乐山市商业银行	2017年发行绿色金融债券，资金投向绿色环保、生态保护、清洁能源等绿色项目
四川纳兴实业集团有限公司	2017年发行10亿元绿色债券，资金投向的绿色项目为泸州市纳溪区的林下经济综合利用开发
四川省绿化基金会	推进国土绿化、推动长江上游生态屏障建设与保护、建设生态文明

资料来源：依据公开资料整理。

四川的国有银行和城商行，包括成都银行、遂宁银行以及部分农商行均推出"三农"绿色信贷服务，支持农业、农村的发展与生态环境的保护；乐山市商业银行推出了绿色金融债券产品；中国人民财产保险公司宜宾分公司与政府部门合作，推出了绿色保险，由政府部门牵头，成立了一只林业绿色基金；等等。

此外，四川正在推进"城乡绿色发展产业引导基金"成立工作。虽然各类机构与部门均开展多项绿色金融服务乡村振兴的业务，但是对"三农"的资金支持仍以绿色信贷为主，其他方式使用较少。

第二节　四川绿色金融服务乡村振兴存在的问题

一、农村绿色金融政策亟待完善

四川省金融机构一直在积极尝试创新多种绿色金融产品，但发展农村绿色金融推动乡村振兴的内生力量依然有所欠缺，这与我国目前农村绿色金融政策不完善有关。在发展绿色金融方面，目前我国已颁布《绿色信贷指引》（银监会，2012 年）、《绿色债券支持项目目录》（中国人民银行，2015 年）、《绿色债券发行指引》（发改委，2015 年），中国人民银行、财政部等七部委于 2016 年颁布了有关中国绿色金融发展的纲领性文件《关于构建绿色金融体系的指导意见》。此外，全国金融标准化技术委员会于 2018 年 9 月提出《绿色金融策略框架》，公布了绿色金融标准体系基本框架。关于金融服务乡村振兴，2019 年 2 月中国人民银行等五部委联合印发了《关于金融服务乡村振兴的指导意见》，要求强化金融产品和服务方式创新，更好满足乡村振兴多样化融资需求。

从目前的政策框架体系来看，政府在积极引导金融机构、社会资本进入乡村振兴领域，这能有效缓解乡村振兴的资金短缺矛盾，但在引导资金流向的层面，还缺乏政策指引。在生态文明建设的背景下，破题的关键之一应当是农村绿色金融（何广文，2016）。当前，我们已经完成了绿色金融的顶层设计，但是利用绿色金融促进乡村可持续振兴的政策还不完备。以四川为例，2018 年四川省人民政府办公厅印发了《四川省绿色金融发展规划》和《四川省乡村振兴战略规划（2018—2022 年）》，但是没有关于二者结合的政策文件。纵观中央政府和省政府层面的绿色金融与乡村振兴的各项政策，都还存在各自为政的问题。建议四川省尝试推出一系列相关政策，完善农村绿色金融政策：一方面可以使绿色金融引导资金流向"三农"绿色发展的领域，促进乡村的可持续振兴；另一方面，统一界定绿色农业标准①，便于金融机构开展绿色农业项目的业务，降低社会资本进入"三农"绿色项目的交易成本，增强项目效率。

二、"三农"主体绿色融资渠道狭窄

2018 年 9 月，四川省委书记彭清华在全省乡村振兴大会上强调：要加快推动四川由农业大省向农业强省跨越。2018 年年末，四川常住人口为 8 341 万人，总量位居全国第四，其中乡村人口为 3 979.5 万人，城镇化率约为52.29%，是典型的人口大省、农业大省，涉农主体融资需求量大。从实践来看，各大涉农金融机构虽然因地制宜推出了多类信贷产品，但从金融产品与机构的角度而言，现在绿色金融服务乡村振兴的产品种类缺乏多样性，仅以银行开发的绿色信贷产品为主，除此之外的金融机构、绿色金融产品几乎没有渗透，在保险、证券和基金等方面绿色金融业务发展存在明显的滞后性，不能为乡村振兴的推动扩大投资渠道。这主要表现在以下方面：

1. 绿色信贷产品覆盖范围不广

目前四川金融机构依托地方农业产业特色，开发了具有自己特色与优势的信贷产品，如宜宾农商行的"林权"抵押贷款、成都农商银行的农村承包土地经营权贷款等。但是，这些绿色信贷产品主要围绕产业融资需要。在绿色发展的要求下，绿色金融服务的对象不应局限于绿色产业融资，要满足生态循环农业的资金需求，比如秸秆回收、畜禽废弃物无害化处理、治理农业面源污染等。以成都农商银行为例，其推出了家庭农场贷款。该信贷产品是为满足家庭农场这一新型农业经营主体生产经营的资金需要而向借款人发放的经营类贷款。但是，对于从事养殖业的家庭农场来说，除了获取该种经营贷款开展养殖之外，更大的支出在于畜禽废弃物无害化处置以及畜禽废弃物的资源化利用。通过信息搜寻发现，涉农的绿色金融产品主要还是满足日常经营需要，针对上述废弃物循环利用、治理农业面源污染等的绿色金融产品供给较少。

---

① 目前，绿色农业认定标准并不统一，比如兴业银行以农产品出口欧美或农业生产基地规模为判断标准，农信系统则以生态、有机、绿色为标准。

2. 绿色保险发展较缓

绿色保险的推广在农业可持续发展与生态环境保护中具有重要作用，有效推进乡村产业兴旺与生态宜居离不开绿色金融的支持。从四川省绿色金融服务乡村振兴的实践来看，一方面，绿色保险品种较少。现在四川省内的保险公司，只就谷物类中的水稻、禽畜类中的生猪、蔬菜类中的油菜和马铃薯等推出了相关的保险品种。此外，宜宾创新推出了林业保险，而现在已经推出的农产品保险中与烟叶、蔬菜等相关的才刚起步，与满足多样化的"三农"主体保险需求相差甚远。同时，由于各地财力水平存在较大差异，各种补贴政策也不尽相同，一些特色农产品保险品种在经济水平落后的地区没有办法推行。比如，虽然四川省建立了农业保险中央补贴品种费率动态调整机制，并于2018年初发布《关于调整农业保险部分保费补贴品种保险费率的通知》，下调中央补贴品种中小麦、马铃薯、森林保险的保险费率，同时提高单位保险金额，但是其中却不包括与生猪、水果、蔬菜等相关的农产品保险险种，由此可见只有很少的农业保险能够享受财政补贴，所以很难满足四川"三农"主体对于绿色资金的需要。另一方面，绿色信贷与绿色保险缺乏协同。由于弱质性，抵押物较少，"三农"项目难以获得金额较大、期限较长的贷款。为此，应推广宜宾"林权+保单"抵押贷款模式，创新绿色金融产品，绿色保险结合绿色信贷共同使用，以达到降低或者控制农业经营主体所面对的各种风险的目的。

3. 其他绿色金融产品发展滞后

目前，从公开资料来看，四川省绿色债券包括四只，发行人分别为乐山商业银行、四川纳兴实业集团有限公司、四川省成都市兴蓉环境股份有限公司和四川省铁路产业投资集团有限责任公司；发行绿色票据一只，发行人为成都轨道交通集团有限公司，该公司还发行了2018年度第一期绿色中期票据，募集金额为20亿元。截至2018年10月，四川绿色债券余额为78亿元。据Wind绿色债券概念板块统计，截至2018年11月20日，国内市场绿色债券余额为6 620.4亿元。四川省绿色债券余额仅为全国的1.2%。同时，四川省的绿色基金项目较少，吸引社会资本进入绿色产业的效果不明显。

三、涉农金融机构创新绿色金融产品的积极性不高

目前许多农商银行、村镇银行并未开展绿色金融业务，许多农村地区的从业人员甚至不了解绿色金融，这从侧面反映了涉农金融机构在创新绿色金融产

品方面缺乏积极性。这主要是因为农业生产具有弱质性、保险体系不完善、缺乏抵押担保、金融债权得不到很好的保护、信用体系不健全等，这就使得提供了绿色金融服务的涉农金融机构经济效益的增长远远低于成本的增长。这表现在：培养绿色金融人才，创新绿色金融产品，构建农村绿色金融业务体系带来的运营成本上升；缺乏专业的环保评估人才导致银行难以准确测度与评估项目风险，绿色指标未能有效纳入风险管理以及绿色业务操作效率较低造成的经营风险与经营成本增加。此外，四川省扶持"三农"绿色发展的绿色信贷支持政策、激励政策、优惠政策未出台或未落实，同时农业生产资源化利用、农业面源污染治理等项目投资周期较长，并具有公益性质，进一步削弱了涉农金融机构为乡村振兴而提供绿色金融服务的积极性。

第三节　四川优化绿色金融服务乡村振兴的政策思考

一、优化农村绿色金融法律政策环境

1. 进一步完善政策体系

目前，我国绿色金融政策已经基本完成了顶层设计，并基本覆盖了"信贷—债券—基金"各类操作政策，农村绿色金融政策却存在缺位的问题。相关绿色金融服务乡村振兴的法律体系应遵循效率与效益相结合并促进农村可持续发展的原则（夏梓耀，2018）。在落实乡村振兴战略的过程中，要有效提升绿色金融服务"三农"的效率，以法律的形式确定绿色金融在乡村振兴中的地位，并统一界定绿色农业认定标准。同时，需要明确以下内容：①四川省银保监会、证监会根据相关法律要求履行的监管职责。②农业企业、新型农业经营主体的社会责任和法律责任。目前四川辖区内的金融机构一般都实行了"环保一票否决"制，但是对环境友好、绿色农业的金融激励措施较少或者没有形成统一的标准，应从立法的层面加以明确与统一。③涉农金融机构开展绿色金融服务乡村振兴的考核制度。应做到奖优惩劣，同时配套相应的财政补贴、风险补偿机制。

此外，在四川联合环境交易所——四川碳排放权交易市场平台当前的交易产品基础上，创新农业碳交易产品，逐步制定"三农"主体碳金融与绿色金

融相关的实施法规细则，涵盖碳交易、绿色信贷、绿色保险和绿色基金等环境友好产品的实施规定；在现行的商业银行法、保险法中加入绿色金融产品的相关规定，提高金融机构保护环境与生态的意识；制定政策支持金融机构开发创造与"三农"相关的绿色金融服务，大力推进乡村普惠金融，加快乡村振兴战略的实施。

2. 逐步完善政府支持机制

提高农村绿色金融服务乡村振兴的效率与效益，缓解农业的弱质性与金融机构经营三性（流动性、安全性、盈利性）原则之间的内在矛盾，需要不断完善政府支持机制。

（1）引入社会资本，支持不同形式的资金对绿色农业和农居环境的整治投资。在实施乡村振兴战略过程中，需要不断为绿色产业吸引更多类型的资金，发展田园综合体与循环农业，治理污染，打造美丽乡村。中国人民银行首席经济学家马骏曾在 2016 年表示，在绿色金融投资总额中，只有 15% 来源于财政部门，其他的全部来源于民间投资（马骏，2016）。因此，有必要由政府通过税率优惠政策、以较低成本的担保等方式吸引和引导企业、社会个人或者外商投资乡村振兴领域，积极倡导发展绿色农业，拓宽农业循环产业资金链。与此同时，建立统一的绿色农产品认证体系，减少民间资本投资风险，起到动员和激励其进行绿色生产投资的作用。

（2）制定金融机构开展农村绿色金融业务服务乡村振兴的支持政策。从财政、税收、利率角度制定绿色金融优惠政策（陈双，2017）。比如：在利率方面，可以对积极配合与大力开展绿色金融业务的金融机构给予补贴，对通过实施绿色金融业务开展绿色农业产业化与乡村生态文明建设的相关机构进行奖励；在政策方面，出台相关政策法规对金融机构开展农村绿色金融服务进行考评，通过考核"三农"主体绿色金融业务以及开发创造涉农绿色金融产品的数量等可以进行量化的指标对其进行考评，并给予惩罚或奖励。

（3）建立统一的信息共享平台。随着大数据、云计算、人工智能等信息技术的发展，信息不再匮乏，取而代之的是信息维度多元、数据来源广泛以及精准信息获取的困难。政府部门应统筹各方的力量，建立统一的信息共享平台，并制定信息标准，界定绿色农业项目，推进涉农金融机构与"三农"主体、企业部门、社会资本的信息互通，有效连接绿色农业项目的资金供求双方，提高精准决策的效率。

二、创新引领，拓宽"三农"主体绿色融资渠道

1. 由中国农业发展银行等政策性银行牵头，探索"小组互助"绿色贷款模式

我国金融机构供给"三农"绿色金融产品服务乡村振兴的过程中，高风险、低效益的矛盾比较突出，在农村金融市场形成了天然的金融供给排斥。金融机构提供的农村绿色金融服务中，也仅有传统的信贷业务发展较好，但是依然将许多"小农业"种养者排除在外。在四川盆地，成都平原以外的大部分地区多山地，缺乏开展"工业化"现代农业的地理条件。根据国内外的经验，可借鉴孟加拉乡村银行"小组互助联保制度"① 的做法，增加"小农业"种养者的绿色贷款可获得性的同时实现金融机构的财务可持续。此外，尽管四川的丘陵山区无法开展"工业化"的现代农业，却可以与地方性的农业企业对接，接受农业企业的科学种养技术指导；以农业企业为桥梁，连接广阔的商品市场，形成科学化、商品化的现代农业生产体系。

因此，可尝试在四川探索"农户+企业"的小组互助绿色贷款模式。主要思路如下：

（1）充分利用中国农业发展银行、国家开发银行等政策性银行的优势，助力四川地区的农村商业银行、农村信用合作社、邮政储蓄银行等涉农金融机构发展绿色金融。通过参股的形式，与涉农金融机构建立业务关系，从产品、技术、资金等方面针对"三农"绿色金融业务提供服务与支持，并严格选择客户，优先满足绿色农业、循环农业、乡村休闲农业等绿色项目的资金需要。

（2）创新"小组互助联保制度"。孟加拉乡村银行的小组互助成员由 5 名穷人组成，不符合我国乡村振兴的需要和四川发展科学化、商品化现代农业的需求，可以通过"农户+企业"的形式组成贷款小组②，拓宽资金的融通渠道、提升贷款的信用等级、降低贷款风险。具体来说，可做如下安排：

---

① 小组互助联保制度起源于孟加拉乡村银行，其提供贷款采用无抵押、无担保、小组互助联保、分批贷放、分期偿还的方式。从 1996 年开始，该银行资金主要来源于存款与自有资金，不再依靠捐赠，同时实现了每年盈利，达到了扶贫与财务可持续的双重目标。小组互助联保制度通过小组开展放贷、收贷及其他活动，依靠小组成员间的相互监督与制衡并结合银行监控，解决了农业主体贷款的风险规避与资金来源问题，降低了银行的贷款成本，从而实现了较好的经济效益。

② 可借鉴供应链金融模式，要求贷款小组的成员是在农业生产项目中的一环，既可以确保全部资金用于绿色农业项目，又可以加强对资金的监管。

地方性的农业企业作为核心企业牵头，与农业主体形成贷款小组；小组成员应当是农业供应链中的一环，小组负责人由核心企业担任。贷款小组作为一个整体，向金融机构获取绿色项目贷款；银行认定为绿色贷款后，在绿色金融信息、环保信息共享平台发布，向贷款小组提供贷款。运作过程如图7-1所示：

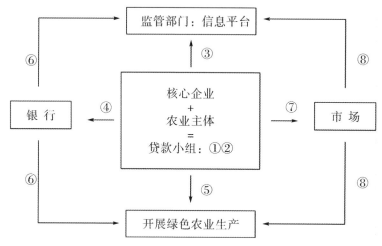

图7-1　乡村"小组互助"绿色金融贷款模式

①核心企业为地方性的农业企业，根据市场情况，组织具有上下游关系的农业主体形成贷款小组。

②核心企业与农业主体签订购销协议与贷款资金使用的承诺与监督协议。

③贷款小组将农业生产方案提交环保系统审核，申请成为在案的绿色农业项目，并录入环保信息共享平台。

④小组负责人凭借②与③获取银行绿色贷款。

⑤核心企业根据绿色农业生产方案，向农业主体提供各类农资。同时，定期召开会议，检查、监督绿色生产情况，推广绿色农业生产技术，传递信息。生产周期结束后，生产者将符合绿色标准的农产品销售给核心企业，扣减核心企业提供的预付账款后获取净收益。

⑥在利用绿色贷款从事绿色农业生产过程中，银行需要定期检查贷款小组成员对资金的使用情况，防止出现"漂绿"的行为以及监督绿色资金专款专用。同时，向监管部门汇报绿色资金的使用情况，并在信息平台披露，便于监管部门在整个生产过程中为企业、银行等金融机构以及市场提供信息服务。

⑦核心企业实现市场出清后，偿还银行贷款。

⑧通过市场反馈，一方面检验该"贷款小组"绿色农业项目的市场认可度，完善第二阶段绿色农业生产的流程与技术指标；另一方面为监管部门完善绿色农业项目、制作绿色项目清单提供参考，实现农业绿色发展。

（3）充分发挥绿色金融价格机制对"贷款小组"的激励与支持作用。金融机构在《绿色信贷指引》《绿色产业指导目录（2019 年版）》等文件的指导下细化客户分类，将"贷款小组"的农业产业投向与环境友好度分类，进行标识管理，制定"分类标识"，严格实施客户绿色准入，重点支持从事化肥减量、无公害蔬菜及非转基因作物种植、无饲料养殖、养殖业排污治理、造林、洁水工程、农房太阳能和沼气化改造、"沼种养"生产模式改造、"沼果养"模式等领域的"贷款小组"客户。同时，根据"贷款小组"的"分类标识"，对有机生产、绿色生产的"贷款小组"客户给予"绿色标识"，提供专属优惠利率，同时综合"贷款小组"的信用情况、产业规模、在行业社会的业务量、绿色生产资质等情况，进行利率自主定价。

（4）绿色农业债券的创新探究。2020 年 2 月 29 日，中国人民银行会同国家发展和改革委员会、中国证券监督管理委员会起草的《关于印发〈绿色债券支持项目目录（2020 年版）〉的通知（征求意见稿）》，增加了《绿色产业指导目录（2019 年版）》中有关绿色农业、可持续建筑、水资源节约和非常规水资源利用的分类层级，并扩展了农业和生态保护等领域的支持项目范围，这对绿色农业债券的创新研究提供了政策支撑。

（5）创造良好的外部环境。这主要是给予相应金融机构一定的宽松条件，包括在税收、准备金方面的支持以及给予其人事权、经营自主权的自由。

2. 鼓励绿色金融产品创新，协同满足各类资金需求

改革开放四十多年来，我国农村金融经历了出现、抑制、深化到向高质量转变的历程（郭沛 等，2018）。但是，农村金融发展中的困境依然存在：一方面，供需失衡，使得农村金融并未全力助推乡村振兴（李浩 等，2016）；另一方面，农村环境质量的要求并未体现在现有的农村金融政策中，支持农业发展未上升到绿色农业的高度。因此，在整合现有涉农信贷产品，探索"小组互助"信贷模式的基础之上，金融机构要以乡村绿色发展与生态保护为前提，形成以"农贷通"为服务平台的农村绿色金融产品线，以达到为"三农"主体提供一条龙金融服务和拓宽"三农"主体融资渠道的目的。

现存的农村绿色金融产品，比如三台农商银行"农家乐"贷款、彭州市农产品的仓单质押、邮储银行雅安市分行的"养牛贷"等的推出均是为了满足新型农业经营主体开展绿色农业的资金需要。而对于支持乡村绿色旅游、畜禽废弃物无公害处理或利用的金融产品却相当匮乏。根据"绿水青山就是金山银山"的理念，在发展经济的同时要注重环境的治理，建议以大数据为基础发展农村绿色金融产品线，创新耕地质量提升基金、经济林木权抵押贷款、活禽抵押贷款等满足农村经济发展的资金需要，也可以创新发展农业专业合作、土地股份合作等新型农业经营方式，大力发展新型农业经营主体和服务主体，培育农村金融的内生需求。此外，要探索排污权、碳排放权等新型抵押质押担保贷款模式，尝试与其他金融机构共同建立"绿色担保+绿色信贷+绿色保险"的联动机制，推出乡村绿色旅游废弃物处置中长期专项贷款、畜禽养殖废弃物处理和资源化专项信贷产品等，形成支持农村绿色发展的金融产品线，满足乡村振兴多样化的金融产品需求。而且，还可以运用支农再贷款、再贴现等货币政策工具，引导和撬动金融机构资金进入农村市场，形成农村资金投入的可持续机制，为四川省农村绿色发展与振兴贡献力量。

三、内外变革，推动金融机构积极参与农村绿色金融业务

1. 涉农金融机构要回归本源，主动成为农村绿色金融供给主体

在绿色金融的大力引导之下，绿色发展已经成为一个重要的发展趋势，基于这样的大背景与环境，立足于服务农村的各个金融机构，势必要回归本源，成为绿色金融的主体。这也对农村金融的发展提出了要求，即必须以绿色金融为最终发展方向。但是，笔者通过走访调研发现，现在很多在乡镇金融机构工作的业务员，对绿色金融了解得不够深入和透彻，甚至有一些信贷员、综合柜员完全不了解绿色金融。此外，迄今为止我国相当大比例的农村金融机构没有设置专门的绿色金融服务组织，仅少许农商银行有一些业务渗透。农村金融机构的各个利益相关者，比如股东、债权人，要制订长远的绿色金融计划。要实现绿色金融的发展目标，则必须加强对农村绿色发展理念的认识，将节能减排、生态治理落实到农村金融机构各个业务，以促进社会的可持续发展。

2. 进行外资金融机构逐步在四川乡村从事绿色金融业务的改革开放试点

针对农村绿色金融供给排斥、涉农金融机构主动性不足的问题，探索将四川作为全国乡村振兴绿色金融对外开放试点省。首先，在甘孜、阿坝、凉山三

州，以较为优惠的准入条件允许外资设立乡村振兴独资或合资金融机构，开展"三农"绿色金融业务，逐步扩大试点范围至四川乡村全域，经国家"一行两会"、财政和农业农村部评估、论证后，向西南五省、区、市拓展乡村绿色金融对外开放试点。再次评估、论证具有推广价值后，纳入西部大开发的乡村绿色金融改革开放战略，并进一步推动全国乡村绿色金融对外开放。同时，尝试国际金融优势资源的反贫困计划与欠发达国家乡村振兴战略的融合。

第四节　宏观、中观和微观层面的启示

实现农业强、农村美、农民富的全面乡村振兴，离不开绿色金融的支持。近年来，在党和国家出台的一系列促进乡村振兴与发展绿色金融的政策举措的引导下，四川省各类机构进行了绿色金融服务乡村振兴的有益探索。但在发展过程中也面临农村绿色金融政策不完善、绿色资金融通渠道单一、金融机构创新绿色金融产品积极性不高等问题。为此，需要进一步制定和完善农村绿色金融助力乡村振兴的策略。

宏观层面，以颁布农村绿色金融指引为核心，优化农村绿色金融法律政策环境，明确"三农"主体碳交易、绿色信贷、绿色保险的实施法规细则与各部门的监管职责。同时，细化政府支持机制，包括吸引社会资本进入农业绿色投资领域、通过财政补贴与考评奖惩相结合激励金融机构开展绿色金融服务乡村振兴以及建设信息共享平台等，以提高绿色资金的配置效率。

中观层面，拓宽"三农"主体绿色融资渠道。中国农业发展银行等政策性银行应加大对涉农金融机构开展绿色金融服务乡村振兴的支持力度，并牵头探索"小组互助"绿色贷款模式；同时，围绕乡村绿色发展与环境治理，创新绿色金融产品，形成绿色信贷、绿色保险、绿色基金等多种绿色金融产品协同的绿色金融产品线，为"三农"主体提供一揽子的金融服务，满足乡村振兴的多层次绿色资金需求。

微观层面，从金融机构入手，中资背景的金融机构必须加强对农村绿色发展理念的认识，积极开展农村绿色金融业务；探索外资金融机构在四川乡村建设绿色金融业务改革开放试点。业务试点成熟之后，可将四川作为全国乡村振兴绿色金融对外开放试点省，并逐步将国际金融优势资源的反贫困计划与欠发

达国家乡村振兴战略融合。

参考文献

安国俊，刘昆，2018. 绿色金融在乡村振兴中的作用［J］. 中国金融（10）：63-65.

陈双，2017. 绿色金融支持生态文明建设的现状、问题及建议——基于漳州的发展实践［J］. 武汉金融（11）：83-85.

郭沛，肖亦天，2018. 中国农业农村改革四十年：回顾发展与展望未来——第二届农业经济理论前沿论坛综述［J］. 经济研究，53（6）：199-203.

何广文，2016. 构建农村绿色金融服务机制和体系的路径探讨［J］. 农村金融研究（4）：14-19.

李浩，武晓岛，2016. 绿色金融服务"三农"新路径探析［J］. 农村金融研究（4）：25-30.

刘锡良，文书洋，2019. 中国的金融机构应当承担环境责任吗？——基本事实、理论模型与实证检验［J］. 经济研究（3）：38-54.

马骏，2016. 应建立环境信息披露机制 引导资本进入绿色金融领域［EB/OL］.（2016-07-08）［2021-08-26］. https://finance.eastmoney.com/a/20160708640272688.html.

四川省金融学会课题组，2018. 我国绿色金融发展路径探索——以四川省为例［J］. 西南金融（4）：32-38.

夏梓耀，2018. 绿色金融发展的法制困境与出路［J］. 环境保护，46（19）：52-56.

杨林，邹江，2019. 绿色金融助推乡村振兴的内在机理与逻辑框架［J］. 西南金融（5）：1-9.

第八章 乡村振兴的多维贫困短板——基于四川大小凉山彝区的实证分析

本章摘要：通过构建贫困村多维贫困指标体系，使用 2015 年建档立卡贫困村调研数据，以深度贫困地区大小凉山彝区为研究区域，对其多维贫困状况进行测度和分解。发现深度贫困地区贫困村遭受着严重的多维贫困剥夺，特别是村集体经济收入低下和初等教育滞后的影响。同时，人群特征对贫困村多维贫困有着重要影响，妇女人口多或长期慢性病患者多的贫困村遭受的贫困剥夺更为严重；劳动力、外出务工人口或大家庭多的贫困村遭受的贫困剥夺更轻。研究结果表明：深度贫困地区贫困村急需初等教育的普及；村集体经济的建设不应急功近利；同时应着重关注妇女人口、长期慢性病患者和 6 人以下的家庭，为深度贫困地区脱贫攻坚减少阻力、增添动力。

关键词：多维贫困　贫困村　深度贫困　精准脱贫

消除贫困、改善民生，是社会主义社会的本质要求。精准扶贫作为我国决胜全面建成小康社会的贫困治理创新举措，意义非常重大，其既是乡村振兴战略的重要内容，也是乡村振兴战略谋篇布局的基础工程。党的十八大以来，中国脱贫攻坚成绩显著，每年农村贫困人口减少均超过 1 000 万人；贫困发生率从 2012 年底的 10.2% 降至 2018 年底的 1.7%，累计下降 8.5 个百分点；贫困群众生活水平明显提高，贫困地区面貌有效改善。但是，中国的脱贫攻坚当时仍面临比较严峻的形势。从总量上看，2018 年底，全国农村贫困人口还有

1 660多万人，且越往后脱贫成本越高、难度越大，其中深度贫困地区脱贫攻坚仍存在较大的困难。2017年6月23日，习近平总书记在山西太原主持召开深度贫困地区脱贫攻坚座谈会时也指出，脱贫攻坚的主要难点是深度贫困。党的十九大报告明确指出从2017年到2020年，是全面建成小康社会的决胜期。因此，攻克深度贫困堡垒，是打赢脱贫攻坚战必须完成的任务，是开启全面建设社会主义现代化国家新征程的必要前提。

深度贫困地区的贫困程度究竟有多深，又主要受哪些因素的影响，只有弄清楚这两大问题，才能以非常规举措应对，从而如期脱贫。早期仅用收入（支出）水平来识别贫困，太过单一，往往导致识别精准度不高，由此诞生了多维贫困理论。多维贫困理论最早由森（1873）在福利经济学的基础上创立，他在著作《以自由看待发展》一书中首次提出"能力贫困"（capability poverty）概念，认为家庭贫困的根源是来自"能力的缺乏"，而不仅仅是收入低下（森，2002）。联合国开发计划署（UNDP）在2000年《人类发展报告》中也指出，收入贫困是以贫困线为标准定义的，它忽视了贫困和福利中非常重要的非收入特征。深度贫困地区因其贫困的特点及其致贫原因的特殊性、复杂性，更有必要对其进行多维贫困研究。学术界对多维贫困的测量方法常见的主要有：Cheli、Lemmi（1995）提出的克服贫困线界定中随意性的模糊集方法，Bourguignon、Chakravarty（2003）提出的公理化方法，Maasoumi、Lugo（2008）提出的基于信息理论的方法，Ramos、Silber（2005）提出的投入产出效率方法，以及Alkire、Foster（2011）提出的"双界线"方法。目前，多维贫困测量方法主要运用于贫困县（郑长德 等，2016）、农户（贫困户）（王小林 等，2009；郭建宇 等，2012）和贫困人口（邹薇 等，2011）等宏微观层面，而关于村级层面的多维贫困研究却鲜有涉及（汪三贵 等，2007；叶初升 等，2010；郭辉 等，2015），但是，最基层的村一级组织，是群众路线的基础。全国12.8万个贫困村补齐短板实现脱贫摘帽是现实需要，也是经济社会发展的必经之路。

本章以深度贫困地区四川省大小凉山彝区为例，抽样选取300个贫困村进行多维贫困测量，旨在探析贫困村的识别、多维贫困程度、影响多维贫困的因素，并提出以超常规举措实现深度贫困地区贫困村脱贫攻坚的新思路。本章的主要贡献在于以下三点：其一，以深度贫困地区贫困村为单位分析村级多维贫困，充实多维贫困研究领域。村一级地区作为一个整体，其内部贫困户、贫困人口存在一定的同质性，整体分析有利于提升扶贫资源的利用效率。其二，从不同特征人群分解多维贫困。按照妇女人口、劳动力、外出务工人口、长期慢性病患者和家庭规模五个方面进行分类，遵从"以人为本"的发展理念。其三，首次纳入村级集体经济指标。鉴于四川省贫困村退出标准中明确提出村村有集体经济的要求，本章侧重分析深度贫困地区当前贫困村集体经济发展现状，并探讨脱贫攻坚时期该标准是否合时宜。

第一节　研究区域概况、数据来源及样本特征

一、研究区域概况

作为深度贫困地区的重要组成部分，大小凉山彝区位于我国地势第一级阶梯向第二级跨越的横断山区。区域山高谷深，生态环境脆弱，自然灾害频发，贫困面宽、量大、程度深，是我国全面建成小康社会的短板和脱贫攻坚的"硬骨头"，是习近平总书记在深度贫困地区脱贫攻坚座谈会上明确提出的连片深度贫困地区，是四川省脱贫攻坚四大片区之一，同时也是少数民族集中区和极端贫困①地区，多维连片贫困特性凸显。研究该连片区域的多维贫困，具有重要的理论意义和现实意义。

大小凉山彝区现有 13 个贫困县，面积为 3.38 万平方千米，占四川省面积的 6.95%。2015 年，区域内 13 个贫困县农村居民人均纯收入为 5 750.85 元，仅为四川省平均水平的 65.33%；农村建档立卡贫困人口为 44.70 万人，占四川省农村贫困人口的 8.98%；贫困发生率为 16.11%，高于四川省平均水平8.41 个百分点。

二、数据来源

为保证样本数据的可靠性和权威性，本章采用四川省扶贫和移民工作局 2015年建档立卡贫困村调查数据。该数据主要通过各贫困县选派第一书记进村入户开展实际调研汇总得到，具有较高的真实性和可靠性，综合反映了现阶段四川省脱贫攻坚四大片区所有贫困村生产、生活、医疗、帮扶计划等多方面的实际情况。

---

① 极端贫困人口指每日收入低于 1.25 美元的全球贫困线标准、处于极度贫困状态的人口。

与现阶段其他大部分有关多维贫困研究不同的是，本章将研究对象锁定为贫困村，在此基础上对贫困村整体多维贫困情况进行深入分析，使研究结论在精准扶贫和整村推进中更具代表性和可借鉴性。同时，本章采用分层等距抽样的方法，运用随机触发器对各深度贫困县贫困村按总体规模 15.54% 的样本数量，随机选取 300 份样本，既保证经验样本的客观性，又保证其整体性和代表性。样本分布概况如表 8-1 所示。

表 8-1　样本分布概况

地区		总体规模/个	样本数/个
大凉山彝区	普格县	103	16
	布拖县	163	26
	金阳县	150	23
	昭觉县	191	30
	喜德县	136	21
	越西县	208	32
	美姑县	272	42
	雷波县	171	27
	盐源县	122	19
	甘洛县	208	32
小凉山彝区	金口河区	5	1
	峨边彝族自治县	106	16
	马边彝族自治县	95	15
合计		1 930	300

三、样本特征

在本章，我们按不同人群特征从妇女人口、劳动力、外出务工人口、长期慢性病患者和大家庭①5 个方面进行分析。样本的构成情况如表 8-2②所示。

---

① 2015 年我国家庭平均规模为 3.35 人，因此，人口统计学一般将 5 人（含 5 人）以上的家庭户定义为大家庭。同时期大小凉山彝区家庭平均规模为 4.16 人，鉴于彝区的特殊性，本章将大家庭定义为家庭规模在 6 人及以上的家庭。

② 表中比例除大家庭是大家庭规模数占该区域家庭总户数的比例外，其他比例均是研究因素占总人口之比。

表 8-2　区域基本特征

不同特征人群	总量	平均数	比例/%
贫困人口/人	65 919	219	23.83
妇女人口/人	114 079	379	41.24
劳动力/人	143 577	477	51.90
外出务工人口/人	32 508	108	11.75
长期慢性病患者/人	10 234	34	3.70
大家庭/户	27 090	90	40.72

大小凉山彝区 13 个深度贫困县（区）共计 276 619 人，家庭 66 521 户。该区域的贫困人口有 65 919 人，收入贫困发生率约为 23.83%，显著高于同时期全国平均水平 7.2%；妇女①人口数为 114 079 人，约占总人口的 41.24%；劳动力达到 143 577 人，约占到总人口的 51.90%；外出务工人口为 32 508 人，比例约为 11.75%；长期慢性病患者为 10 234 人，约占总人口的 3.70%；大家庭约占总户数的 40.72%。

第二节　多维贫困测量模型建立

一、A-F 多维贫困测量方法

阿马蒂亚·森把发展看作人们享受实质自由的过程，包括免受困苦，诸如饥饿、营养不良等的基本可行能力。人们因基本可行能力被剥夺，因而陷入贫困。基于此，多维贫困测算就是要识别出贫困个体被剥夺的维度，从而测算出贫困个体多维贫困状况，即多维贫困发生率（H），贫困深度指标，即平均剥夺份额（A）和贫困人口综合贫困状况（多维贫困指数）。

多维贫困状况的测量基于贫困识别和测量方法构建两个步骤。Alkire 和 Foster 基于能力化的多维贫困测度，构建了"双临界值"识别和测量方法，即 A-F 多维贫困测量方法。该方法主要包括对贫困的识别、加总和分解三个步

---

① 在司法解释中将 14 岁以上的女性定义为妇女，未满 14 岁的男女称为儿童。本章的妇女以司法解释中的定义为准。

骤，是目前为止较为理想的多维贫困测度方法。首先，该测量方法对贫困识别更加简单化、明确化，且容易操作。其次，能够在运用修正的 FGT 方法[①]的基础上，较为容易地计算出贫困强度以及贫困深度下的多维贫困指数。再次，A-F 方法可以方便地对贫困进行分解，从而比较不同地区、不同特征人群的多维贫困状况。

二、指标选取和剥夺值设定

贫困村的多维贫困测量建立在贫困户或贫困人口的整体水平之上，本章依据《中国统计年鉴 2015》各项指标平均水平和《中共中央关于打赢脱贫攻坚战的决定》明确提出的"到 2020 年稳定实现农村贫困人口不愁吃、不愁穿，义务教育、基本医疗和住房安全有保障"的要求，结合四川省贫困村退出标准，主要从经济水平、社会保障、基础设施、教育文化和人居环境 5 个维度共计 10 项指标对贫困村进行多维贫困测量与分解。需要注意的是，贫困村的多维贫困测量应优先考虑指标的覆盖率或普及率。相关维度、指标及临界值设定如表 8-3 所示。

表 8-3　维度、指标及临界值的设定

维度	指标	剥夺临界值	临界值设定依据
经济水平	收入贫困发生率	以收入计算的贫困发生率大于 7.2% 则视为贫困，赋值 1	2015 年全国贫困发生率
	村集体经济覆盖率	村集体经济人均年收入低于 3 元则视为贫困，赋值 1	《四川省贫困县贫困村贫困户退出实施方案》
社会保障	参合率	参加新型农村合作医疗的人口比例小于 98.9% 则视为被剥夺，赋值 1	样本贫困村当期平均水平
	参保率	60 岁及以上人口参加新型农村基本养老保险的人口比例小于 60% 则视为被剥夺，赋值 1	样本贫困村当期平均水平

---

① FGT 方法是由 Foster、Green 和 Thorbeeke 于 1984 年提出的衡量贫困的一种方法。

表8-3(续)

维度	指标	剥夺临界值	临界值设定依据
基础设施	通广播电视率	广播电视的覆盖人口比例小于98.3%则视为被剥夺,赋值1	2015年全国平均水平
	通生活用电率	通生活用电的家庭比例小于100%则视为被剥夺,赋值1	《四川省贫困县贫困村贫困户退出实施方案》
教育文化	基础教育比例	6岁以上上过初中的人口比例小于40.15%则视为被剥夺,赋值1	2015年全国平均水平
	高等教育比例	6岁以上上过大专及以上人口比例等于0,则视为贫困,赋值1	大小凉山彝区实际情况
人居环境	住房安全比例	房屋为危房的家庭比例大于0则视为被剥夺,赋值1	《四川省贫困县贫困村贫困户退出实施方案》
	饮水便利比例	便利获取饮水的家庭比例小于69.26%则视为被剥夺,赋值1	2015年全国平均水平

三、权重的确定

已有研究中,常用的权重确定方法主要有数据推动(data-driven)方法、规范的(normative)方法和混合的方法。数据推动方法主要包含频率、统计方法等。规范方法常采取的是等权重,如联合国人类贫困指数。目前,比较简单的确定多维贫困指标权重的方法是等权重法,尽管也有一些研究人员采取主成分分析等统计方法确定权重,但结果始终带有随意性,没有找出统一、科学的做法。基于此,本章使用等权重法对深度贫困地区贫困村多维贫困指标体系进行赋权,即:各维度等权重以及同一维度内各指标等权重。各指标的权重如表8-4所示。

表 8-4 各指标权重确定

维度	指标	权重
经济水平	收入贫困发生率	1/10
	村集体经济覆盖率	1/10
社会保障	参合率	1/10
	参保率	1/10
基础设施	通广播电视率	1/10
	通生活用电率	1/10

表8-4(续)

维度	指标	权重
教育文化	基础教育比例	1/10
	高等教育比例	1/10
人居环境	住房安全比例	1/10
	饮水便利比例	1/10

第三节　多维贫困测量结果与分析

一、多维贫困测度结果

从区域总体来看，大小凉山彝区贫困剥夺情况在各个维度上都较为严重，测度结果不容乐观。如表8-5所示，当只考虑1个维度或2个维度时，大小凉山彝区贫困村贫困发生率为100%，表明研究区域所有的贫困村都存在着5个维度中任意2个维度的贫困剥夺。此时的贫困剥夺份额为80.33%，多维贫困指数为80.33%，说明研究区域贫困状况十分严重。随着维度 K 值的不断增大，处于多维贫困状况的贫困村个体数量（H）逐渐减少，多维贫困指数（M）也呈现出下降趋势，贫困剥夺份额（A）则呈现上升趋势。当 K 值为4时，大小凉山彝区贫困村贫困发生率下降到67.44%，平均剥夺份额上升到87.59%，多维贫困指数下降到59.07%。需要特别指出的是，当 K 值为5时，研究区域中仍有12.29%的贫困村遭受着所有维度的贫困剥夺，同时，多维贫困指数为12.29%。

表8-5　大小凉山彝区贫困村多维贫困估计结果　单位:%

维度数 K	贫困发生率 H（K）			平均剥夺份额 A（K）			多维贫困指数 M_0（K）		
	大小凉山彝区	大凉山彝区	小凉山彝区	大小凉山彝区	大凉山彝区	小凉山彝区	大小凉山彝区	大凉山彝区	小凉山彝区
1	100	100	100	80.33	81.12	73.75	80.33	81.12	73.75
2	100	100	100	80.33	81.12	73.75	80.33	81.12	73.75
3	97.34	97.4	96.88	81.19	81.98	74.52	79.04	79.85	72.19

表8-5(续)

维度数 K	贫困发生率 H（K）			平均剥夺份额 A（K）			多维贫困指数 M_0（K）		
	大小凉山彝区	大凉山彝区	小凉山彝区	大小凉山彝区	大凉山彝区	小凉山彝区	大小凉山彝区	大凉山彝区	小凉山彝区
4	67.44	69.52	50	87.59	88.02	82.50	59.07	61.19	41.25
5	12.29	13.75	0	100	100	−	12.29	13.75	−

注："−"表示因贫困发生率 H 作为分母为0，故 A 和 M_0 无法计算。

从区域对比来看，大凉山彝区贫困剥夺深度和广度均高于小凉山彝区，大凉山彝区更偏向于大小凉山彝区总体趋势。当 $K=1$ 时，大、小凉山彝区的贫困发生率均为100%，大凉山彝区的贫困剥夺份额为81.12%，多维贫困指数为81.12%，而此时小凉山彝区贫困剥夺份额为73.75%，多维贫困指数为73.75%；当 $K=5$ 时，大凉山彝区与小凉山彝区的差距更加明显，此时大凉山彝区的贫困发生率为13.75%，贫困剥夺份额为100%，多维贫困指数为13.75%，而小凉山彝区的贫困发生率为0，不存在贫困的广度和深度。

二、多维贫困指数分解

1. 按维度进行分解

按照 A-F 方法，本部分对多维贫困指数 M_0 进行了维度上的分解。最终得出了各个维度对多维贫困指数 M_0 的贡献率，结果见表8-6。

表 8-6　各维度单维贫困发生率及各维度对多维贫困的贡献率　　单位:%

维度	经济水平		社会保障		基础设施		教育文化		人居环境	
指标	收入贫困发生率	村集体经济	新农保	新农合	广播电视	生活用电	基础教育	高等教育	住房安全	饮水便利
贫困发生率	100	99	76.7	79.4	90.03	51.16	99	62.46	87.38	58.14
指标贡献率	12.45	12.32	9.55	9.88	11.21	6.37	12.32	7.78	10.88	7.24
维度贡献率	24.77		19.43		17.58		20.1		18.12	

从表8-6可以看出，大小凉山彝区贫困村在各个维度都有不同程度的贫困现象发生，尤其在收入贫困发生率、村集体经济和基础教育方面缺失较为严重，

贫困发生率十分高，分别达到了 100%[①]、99% 和 99%。同时，经济水平和教育文化两个维度对多维贫困指数 M_0 的贡献率最高，分别为 24.77% 和 20.1%。

着重从村集体经济进行分析可以发现，深度贫困地区村集体经济严重匮乏，单维贫困发生率高达 99%，即在每 100 个贫困村中，仅有 1 个贫困村满足拥有村集体经济并且村集体经济收入达到人均 3 元的标准。在 10 个指标中，村集体经济对 M_0 的贡献率也超过 10% 的平均水平，为 12.32%，与基础教育的贡献率持平。但与基础教育不同的是，目前，在深度贫困地区，尤其是在民族地区，义务教育的投入期限较长，但投入力度连年攀升，而村集体经济建设却一直是薄弱环节，短时间内难以得到根本改变。

2. 按不同特征人群进行分解

不同特征的人口结构理应使得多维贫困状况有不同的表现。本章主要从贫困村人口结构进行多维贫困分解，包括 5 个方面：妇女人口、劳动力、外出务工人口、长期慢性病患者和家庭规模。统计学中以平均数为标准来判断某种现象的程度或事物数量的大小，水平高低，效果和质量的好坏。因此在进行以上 5 个方面的多维贫困分解时，本章采用 300 个样本的平均值作为分割线。其中：妇女人口为 41.24%，劳动力为 51.90%，外出务工人口为 11.75%，长期慢性病患者为 3.70%，家庭规模的分割线为大家庭占比 40.72%。

（1）妇女人口

目前有关妇女贫困的研究较多（李芝兰，2007；王爱君，2013；陈光燕，2016），但在民族地区，妇女是否更贫困，仍然值得商讨。部分研究表明，妇女作为弱势群体，应该给予更多的关注（万兰芳 等，2016）。本章基于前人研究，以区域妇女人口占区域总人口的比例 41.24% 为分界线，主要从贫困村中妇女人口比例高低对多维贫困的贡献进行探讨，结果如表 8-7。

表 8-7　妇女人口多维贫困贡献率　　　　　　单位:%

K	1	2	3	4	5
M_0	80.33	80.33	79.04	59.07	12.29
妇女比例小于 41.24%	39.95	39.95	39.81	36.28	29.73
妇女比例大于或等于 41.24%	60.05	60.05	60.19	63.72	70.27

————————

① 收入贫困发生率为 100% 解释了本章选取的对象是 2015 年已经被认定为收入贫困的贫困村。

从表 8-7 可以看出，在 K 值为 1~5 时，妇女比例大于或等于 41.24% 的贫困村多维贫困贡献率更大。这就表明，在 1~5 个维度时，妇女人口越多，越容易使贫困村陷入贫困，尤其在 K 值为 5 时，这种情况更加严重。由此可见，妇女越多的贫困村，其遭受的多维贫困广度和深度都越大。主要原因在于民族地区的性别不平等，导致妇女文化程度低、健康状况差，其非农就业机会少，工资性收入水平低。这也从一个方面论证了民族地区妇女更容易陷入多维贫困的观点。

（2）劳动力

贫困村摆脱贫困的重要途径是通过劳动力的劳动创造财富。理论上，社会劳动力资源总数的计算方法是劳动年龄人口和劳动年龄之外实际参加劳动人数之和减去劳动年龄内不可能参加劳动的人数的差。而本章的劳动力指的是年龄处于适合参加劳动的阶段，是作为生产者统计的这类人口。我国一般规定男子 16~60 周岁、女子 16~55 周岁的人口为劳动适龄人口[①]。

如表 8-8 所示，劳动力比例大于或等于 51.90% 的贫困村对多维贫困的贡献率较小，且随着维度的增加，呈现下降的趋势，即劳动力有利于减缓贫困的广度。劳动力对贫困村贫困程度的加深具有阻碍作用，但如何将这些劳动力有效地利用起来使得贫困村摆脱贫困才是当下需要解决的难题。

表 8-8　劳动力多维贫困贡献率　　　　　　　　　　单位:%

K	1	2	3	4	5
M_0	80.33	80.33	79.04	59.07	12.29
劳动力比例小于 51.90%	55.13	55.13	55.23	55.68	64.86
劳动力比例或大于等于 51.90%	44.87	44.87	44.73	44.32	35.14

（3）外出务工人口

现有研究指出外出务工对于民族地区来说是把"双刃剑"，认为外出务工在增加家庭平均收入的同时也提高和加剧了贫困发生率和收入不平等，从而造成贫困化增长现象（王延中，2017）。一方面，务工在增加非农收入的同时，也可以增长务工人员见识，转变陈旧观念；另一方面，少数民族群体在外出务工地可能面临劳动力市场的歧视或排斥。本章基于此类文章存在的争议，对贫困村外出务工比例对多维贫困的贡献率进行分析，结果如表 8-9。

---

① 参见 1953 年《中华人民共和国劳动保险条例》和 2013 年《中华人民共和国劳动合同法》。

表 8-9　外出务工多维贫困贡献率　　　　　　　　单位:%

K	1	2	3	4	5
M_0	80.33	80.33	79.04	59.07	12.29
外出务工比例小于 11.75%	59.47	59.47	59.23	60.80	62.16
外出务工比例大于或等于 11.75%	40.53	40.53	40.73	39.20	37.84

　　结果显示，务工比例小于 11.75% 的贫困村对多维贫困的贡献率更大，务工比例大于或等于 11.75% 的贫困村贡献相对较小，但当 K 值等于 3 时，外出务工比例较大的贫困村多维贫困贡献率从 40.53% 上升至 40.73%，这就较好解释了在某种程度上，外出务工对于多维贫困有着一定的阻碍作用，但这种阻碍作用远不能抵消其积极作用，因此务工对贫困地区依然起着积极的作用，能够降低贫困村多维贫困程度。

　　（4）长期慢性病患者

　　程名望等（2014）认为，农村减贫短期内应该更关注健康问题。本章在此类研究观点的基础上，从村级层面探讨长期慢性病患者与多维贫困的关系，结果见表 8-10。

表 8-10　长期慢性病患者多维贫困贡献率　　　　　单位:%

K	1	2	3	4	5
M_0	80.33	80.33	79.04	59.07	12.29
长期慢性病患者比例小于 3.70%	23.16	23.16	22.95	20.42	18.92
比例大于或等于 3.70%	76.84	76.84	77.05	79.58	81.08

　　研究结果表明，贫困村长期慢性病患者比例大于或等于 3.70% 的贫困村对多维贫困的贡献率较大，且随着 K 值的增加，其贡献率呈上升趋势，当 K 值为 5 时其贡献率达到了 81.08%，平均增幅达到 1.38%，而长期慢性病患者比例小于 3.70% 的贫困村多维贫困贡献率仅有 18.92%，平均每个维度下降 4.58 个百分点（参见图 8-2）。长期慢性病有一个长期累积的过程，随着维度的增加，其贡献率也增加，表明长期慢性病患者遭受的贫困剥夺更加严重，患者长期的药物支出和较低的健康程度，使其不能较好从事生产活动，从而导致收入水平较低和其他维度的剥夺。

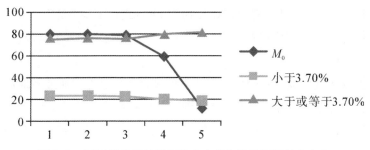

图 8-2　不同 K 值下长期慢性病患者多维贫困贡献率变化

（5）家庭规模

关于家庭规模与贫困的研究目前较多，但多局限于家庭内部结构（杨龙 等，2015；郭熙保，2016）。本章将家庭规模分为 6 人户以下和 6 人户及以上，即中小家庭和大家庭，来分析家庭规模的大小对多维贫困的贡献率，结果如表 8-11。

表 8-11　家庭规模多维贫困贡献率　　　　单位:%

K	1	2	3	4	5
M_0	80.33	80.33	79.04	59.07	12.29
大家庭比例小于 40.72%	71.40	71.50	72.91	73.88	72.20
大家庭比例大于或等于 40.72%	28.60	28.50	27.09	26.12	27.80

从表 8-11 可以看出，对于任意 K 值，大家庭比例较少的贫困村对多维贫困的贡献率大于大家庭比例较大的贫困村。由此可见，在民族地区，家庭规模越大，反而使得其越不容易陷入贫困。但值得一提的是，当 K 值从 4 增加到 5，大家庭比例较大的贫困村对多维贫困的贡献率也随之增加，换言之，随着剥夺维度的增加，大家庭比例较大的贫困村遭受的贫困剥夺加重。资源约束的前提下，家庭规模越大，越无法实现资源配置与利益分配的一致，造成更多维度的贫困剥夺。

第四节　结论、启示和对策

一、本章主要结论

本章在参照联合国 MPI 多维贫困指数的基础之上，以深度贫困地区为研究区域，以贫困村为研究对象，对大小凉山彝区进行了多维贫困测量，并结合当地贫困村的实际贫困状况，设计了深度贫困地区贫困村多维贫困指标体系，得到以下结论：

（1）深度贫困地区贫困村存在严重的多维贫困剥夺。通过多维贫困指数和贫困剥夺份额可以看出，深度贫困地区贫困村存在较为普遍的多维贫困剥夺，且存在任意两个维度的贫困剥夺。尤其是在经济水平、教育文化维度方面遭受的贫困剥夺情况更为严重。

（2）妇女人口较多的贫困村对多维贫困指数贡献较大。研究总体趋势表明妇女人口比例越大，贫困村多维贫困越严重，且陷入贫困的广度和深度都越大。这与以户为研究对象得出的妇女人口比例越大的家庭多维贫困越严重的结论相吻合。民族地区妇女贫困除经济因素以外，还有一定程度的性别歧视，妇女获得权力、教育、培训和生产资源的机会有限（朱楚珠 等，2000）。

（3）务工对深度贫困地区贫困村的积极作用远超消极作用。结果表明，务工比例较小的贫困村，其对多维贫困的贡献率更大。然而，当 K 值为 3 时，务工比例较大的贫困村对多维贫困的贡献率少量上涨，由此表明务工在三个维度条件下会轻微加重贫困村多维贫困，这也较好地解释由于民族地区人口受到语言、地域、习俗等的约束，外出务工在一定程度上可能对贫困村脱贫起着阻碍作用。但在深度贫困地区内部，得益于外出务工所增加的总平均收入，其反贫困作用依然突显。若将研究区域延伸至包括其他地区或民族比如汉族，由于存在收入不平等的问题，结论可能会相悖（王延中，2017）。

（4）长期慢性病深刻影响贫困村多维贫困。长期慢性病人口比例较大的贫困村对多维贫困的贡献率较大，且与该比例较小的贫困村有显著差异，表明长期慢性病是贫困地区的毒瘤，加剧了贫困村多维贫困。随着 K 值的增加，其多维贫困贡献率也随之增加，这也能很好解释长期慢性病对于脱贫的反作用力，因此贫困主体强健的体魄是其摆脱贫困奔小康的基础。深度贫困地区长期慢性病主要包括心脑血管疾病、类风湿性关节炎、慢性呼吸系统疾病和糖尿病，从经济支出高、劳动力水平不高等方面影响贫困地区的生产生活。

（5）大家庭发展后劲较足。与现有研究比较，大家庭比例较高的贫困村比大家庭比例较低的贫困村对多维贫困的贡献率更少。换言之，家庭规模越大，反而越不容易陷入贫困，其原因在于家庭内部成员的资源共享以及能提供的劳动力更多。但随着维度的增加，大家庭比例较高的贫困村对多维贫困的贡献率有所回升，表明其受到的贫困剥夺程度依然严重，这就解释了为什么大家庭在资源共享的同时也存在资源的分摊，家庭所需支出的费用也同比增加。

二、本章研究的主要启示

随着我国脱贫攻坚战取得全面胜利，特别是乡村振兴战略的实施，我们历史性地整体消除了绝对贫困，脱贫群众生活水平显著提升，生产生活条件和生态环境极大改善，这是全党全国各族人民共同努力的结果。但是，解决发展不平衡不充分问题、缩小城乡区域发展差距、实现人的全面发展和全体人民共同富裕仍然任重道远，我们必须乘势而上、再接再厉、持续奋斗。具体到本章案例，我们要在巩固已有成果的基础上，总结经验教训，大力推进乡村振兴战略的实施。

（1）贫困村退出标准要求村村有集体经济，这对于深度贫困地区是否有冒进嫌疑？从测量结果可以看出，目前贫困村村集体经济严重缺失，若要求在短时间内从无到有，过分注重数量上的硬性要求，忽视其本身能力与实际生产力不相符的客观条件，是否存在冒进嫌疑？同时村集体经济建立和发展的制约条件较多，培养具有"理想主义"或"英雄主义"情结的带头人才是当务之急。因此，村集体经济不能作为缓解深度贫困甚至消除深度贫困的选择，但可作为后续发展策略。

（2）基础教育应"软硬兼施"。教育扶贫是阻断贫困代际传递最根本的途径。调查显示，自2016年春季学期开始，研究区域实施了15年免费教育[①]。政策实施至今，由于农村大量的成年人是文盲已经成为既定事实，因此并不会在短时间内改变基础教育被严重剥夺的这一现状；此外，为了满足贫困退出要求，目前大小凉山彝区控辍保学力度空前加大，因贫辍学现象已鲜有发生。最新数据显示，截至2019年1月，2 064名建档立卡贫困户失辍学子女已全部返学。但由此引发一系列新的问题，其中最突出的问题是：突然加大控辍保学力度，凸显了教育硬件和师资配套严重不足的问题，这种不足势必会降低教学质量，使政策无法达到预期效果。因此，如何确保控辍保学的可持续性，成为亟待解决的难题。从政策制定者角度出发，加大学校基础设施建设投入是当务之

---

① 在九年义务教育的基础上，全面免除民族地区公办幼儿园3年保教费和公办普通高中3年学费并为所有普通高中在校学生免费提供教科书。

急，尤其是教室与校舍的扩建；从学校角度，落实汉语辅导员制度，学生在幼儿园阶段即普及双语教育，同时努力实现每一所小学、初中均安装宽带的目标；从师资角度，由于目前深度贫困地区师资队伍参差不齐，陷入"留不住，引不来"的尴尬局面，因此有效利用现有较稳定但水平不高的师资能适度缓解学生数量与教师不匹配带来的压力。要提高师资配套的质量，一是提升现有教师的专业水平，在学校已安装宽带的前提下，采取网络在线教育的方式进行教学，考虑到双语教学在彝区刚推动不久，因此主要形式为教师先学先懂，学生再学再懂；二是提高教师薪资待遇，留住现有教师的同时吸引一批新教师加入，壮大师资队伍，优化师资结构。

（3）正视民族地区多生多育现状，提升人口质量。民族地区多生多育的习俗存在已久，政策制定者不应将全部精力耗费在从源头去制止这种现象，而应正视这一现实，思考盘活这类人的途径。这类人作为组成劳动力的一部分，运用得当可以起到有效缓解贫困的作用，尤其是在其子女均成年的情况下，他们能够更大限度地反哺家庭、回报社会。一个可能的方法是将贫困村闲置劳动力统一集中，进行技能培训，使其成为推动贫困村脱贫致富的力量而非绊脚石。

三、对策

针对研究得出的主要启示，可以从绿色价格机制视角，变道超车，一步到位地实施政策化的绿色价格机制。

一是采取财政贴息、财政保险扶持绿色农产品的网络化销售。这里的财政贴息、财政保险要与网络平台对接。

二是探索政府财政贴息、财政转移支付保险驱动下的普惠金融机制，实施全额贴息、保险助学贷款，使深度贫困地区的孩子不会因为贫困而上不起学。

三是贫困地区少数民族进行多生多育试点，探索"三孩军孩"的军人职业化改革建设，一定程度上解决贫困地区少数民族多生多育的就业问题。

参考文献

陈光燕，2016. 我国西南地区农村妇女多维贫困问题研究［D］. 雅安：四川农业大学.

程名望，JIN Y H，盖庆恩，等，2014. 农村减贫：应该更关注教育还是健康？——基于收入增长和差距缩小双重视角的实证［J］. 经济研究，49（11）：

130-144.

郭辉，王艳慧，钱乐毅，2015. 重庆市黔江区贫困村多维测算模型的构建与应用 [J]. 中国科技论文，10（3）：331-335，347.

郭建宇，吴国宝，2012. 基于不同指标及权重选择的多维贫困测量——以山西省贫困县为例 [J]. 中国农村经济（2）：12-20.

郭熙保，周强，2016. 长期多维贫困、不平等与致贫因素 [J]. 经济研究，51（6）：143-156.

李芝兰，2007. 我国农村贫困问题中的女性视角——农村妇女更贫困吗？[J]. 开发研究（6）：68-71.

森，2002. 以自由看待发展 [M]. 任赜，于真，译. 北京：中国人民大学出版社：2.

万兰芳，向德平，2016. 精准扶贫方略下的农村弱势群体减贫研究 [J]. 中国农业大学学报（社会科学版），33（5）：46-53.

汪三贵，PARK A，CHAUDHORI S，等，2007. 中国新时期农村扶贫与村级贫困瞄准 [J]. 管理世界（1）：56-64.

王爱君，2013. 基于社会性别视角的农村贫困测度解读 [J]. 武汉理工大学学报（社会科学版），26（5）：767-772.

王小林，ALKIRE S，2009. 中国多维贫困测量：估计和政策含义 [J]. 中国农村经济（12）：4-10，23.

王延中，2017. 社会保障绿皮书：中国社会保障发展报告（2017）[M]. 北京：社会科学文献出版社：285-304.

杨龙，汪三贵，2015. 贫困地区农户脆弱性及其影响因素分析 [J]. 中国人口·资源与环境，25（10）：150-156.

叶初升，王红霞，2010. 多维贫困及其度量研究的最新进展：问题与方法 [J]. 湖北经济学院学报，8（6）：5-11.

郑长德，单德朋，2016. 集中连片特困地区多维贫困测度与时空演进 [J]. 南开学报（哲学社会科学版）（3）：135-146.

朱楚珠，李树苗，2000. 宣言下的合力：中国农村改善女孩生活环境的社区发展项目 [J]. 妇女研究论丛（4）：21-24.

邹薇，方迎风，2011. 关于中国贫困的动态多维度研究 [J]. 中国人口科学（6）：49-59，111.

ALKIRE S, FOSTER J, 2011. Counting and multidimensional poverty measurement [J]. Journal of public economics, 91 (7): 476-487.

BOURGUIGNON F, CHAKRAVARTY S R, 2003. The measurement of multidimensional poverty [J]. Journal of economic inequality, 1 (1): 25-49.

CHELI B, LEMMI A, 1995. A "totally" fuzzy and relative approach to the multidimensional analysis of poverty [J]. Economic notes, 24 (1): 115-134.

MAASOUMI E, LUGO M A, 2008. The information basis of multivariate poverty assessments [C] // KAKWANI N, SILBERJ. Quantitative approaches to multidimensional poverty measurement. London: Palgrave Macmillan UK: 1-29.

RAMOS X, SILBER J, 2005. On the application of efficiency analysis to the study of the dimensions of human development [J]. Review of income and wealth, 51 (2): 285-309.

UNDP, 2000. Human development report [M]. Oxford: Oxford University Press.

第九章 绿色价格机制的未来改革探究

本章摘要：我国绿色价格机制的早期萌芽可以追溯到 1973 年的计划经济时代，历经 9 年的政策时滞和调研论证，于 1982 年 7 月 1 日依法运行。40 多年来，绿色价格机制已从单一的排污收费绿色价格机制，发展到碳交易、排污权交易市场绿色价格机制和环境保护税机制替代排污收费机制。未来的改革包括：碳税单独立法和环境保护税法"大一统"法制化选择；全国统一碳市场扩容及其与国际国内碳市场的多重对接、互认；碳现货、碳远期的市场规范与碳期货、碳期权的碳价发现机制探究；排污权市场机制的立法、试点扩容、全国统一排污权市场建设及其国际国内互联互通和排污权远期、排污权期货、排污权期权市场改革创新；政府定价与市场定价机制的协同推进，排污权与碳排放权市场定价机制的协同推进。

关键词：绿色价格机制 排污费 环境保护税 碳交易 排污权交易 碳税

绿色价格机制作为我国价格改革进程中出现的一个新兴领域，伴随着我国 40 多年前的改革开放同步启动。探究绿色价格机制在改革 40 多年来的实践经验，展望未来的进一步改革发展，既是对改革开放 40 多年来价格改革领域新兴价格机制从无到有的成长总结，又是新时代中国特色社会主义经济低碳转型绿色发展新理念、新常态背景下，做出的"市场定价机制发挥决定性作用、政府定价机制发挥宏观调控作用"的理论归纳。

第一节 绿色价格机制的改革成果

中国现行绿色价格机制共有三种基本形式：环境保护税政府绿色价格机制、碳排放权交易市场绿色价格机制、排污权交易市场定价机制。其中，环境保护税的前身——排污收费机制最早实施，1973 年萌芽，1978 年调研，1982年运行，2018 年依法升级为绿色税收定价机制。碳排放权市场交易定价机制的形成过程如下：2005 年进入国际碳市场，2013 年国内区域试点碳市场上线交易，2017 年 12 月全国统一碳市场交易定价机制率先在电力行业启动。排污权交易市场定价机制形成过程如下：2007 年开始试点，与排污收费政府定价机制并行 10 年，2018 年 1 月开始与绿色税收绿色价格机制并行 1 年。

一、排污收费机制的渐进式改革成果

排污收费机制作为我国政府保护环境的重要减排机制，最早可追溯到1973 年，1978 年被纳入中央和国务院议事日程，1982 年开始运行，逐步形成我国价格改革程序最为规范的绿色价格机制。通过几次改革以后，其依法发展为我国第一个绿色税收绿色价格机制。

1. 排污费政府定价机制的早期顶层设计和政策时滞期（1973 年 8 月—1982 年 7 月）

我国绿色价格机制顶层设计和原始绿色价格机制，最早可以追溯到 1973年第一次全国环境保护工作会议确定的 "全面规划，合理布局，综合利用，化害为利，依靠群众，大家动手，保护环境，造福人民" 32 字工作方针和1973 年 8 月 29 日通过的《关于保护和改善环境的若干规定（试行草案）》。1978 年 10 月，国务院环境保护领导小组办公室通过调研、分析、论证，形成了《环境保护工作汇报要点》。1978 年 12 月 13 日，邓小平在中共中央工作会议闭幕会上指出环境保护立法的重要性。1978 年 12 月 31 日，中共中央批转了国务院环境保护领导小组第四次会议通过的《环境保护工作汇报要点》。1979年 9 月 13 日第五届全国人大常委会第十一次会议通过了《中华人民共和国环境保护法（试行）》。我国经济进入改革开放第一个调整期后，国务院于 1981年 2 月 24 日在《国务院关于在国民经济调整时期加强环境保护工作的决定》

中再次强调，对超过国家标准排放污染物的企业，要征收排污费。环境保护和绿色价格机制的顶层设计经过 3 年多时间的政策时滞期，于 1982 年 7 月开始运行。

2. 排污费政府定价机制的依法运行和"双暂行办法"并行（1982 年 7 月—2003 年 6 月）

1982 年 2 月 5 日，《征收排污费暂行办法》由国务院直接发布，从 1982 年 7 月 1 日执行。1983 年 12 月，第二次全国环境保护会议强调《征收排污费暂行办法》重在执行。1984 年 5 月 8 日，国务院对排污费的缴后 80% 治理补贴做了专款专用规定。排污收费绿色价格机制依法运行 5 年后，国务院于 1988 年 7 月 28 日发布了《污染源治理专项基金有偿使用暂行办法》。该办法与 1982 年 7 月 1 日开始执行的《征收排污费暂行办法》形成"双暂行办法"并行。1989 年 12 月 26 日，第七届全国人大常委会第十一次会议通过对"试行法律"的修订，正式颁布了《中华人民共和国环境保护法》。

3. 排污收费的政府绿色价格机制成熟期（2003 年 7 月—2017 年 12 月）

《排污费征收使用管理条例》于 2002 年 1 月 30 日经国务院第 54 次常务会议通过，2003 年 1 月发布，从 2003 年 7 月 1 日起替代《征收排污费暂行办法》和《污染源治理专项基金有偿使用暂行办法》予以施行。"双暂行办法"上升到国务院条例的法规高度，排污收费绿色价格机制进入成熟运行期。2014 年 4 月 24 日，第十二届全国人大常委会第八次会议通过《中华人民共和国环境保护法》（修订案）。2014 年和 2015 年国家发展改革委与财政、环保部门先后出台了《关于调整排污费征收标准等有关问题的通知》和《关于制定石油化工包装印刷等试点行业挥发性有机物排污费征收标准等有关问题的通知》。2015 年 10 月 12 日，《中共中央国务院关于推进价格机制改革的若干意见》（中发〔2015〕28 号），提出逐步形成污染物排放主体承担支出高于主动治理成本的绿色价格机制。2017 年 12 月 31 日，排污收费政府绿色价格机制圆满完成历史使命，平移为绿色税收绿色价格机制。

4. 绿色税收绿色价格机制平稳运行（2018 年）

2018 年 1 月 1 日，《中华人民共和国环境保护法》生效，《中华人民共和国环境保护税法实施条例》实施。环境保护税绿色价格机制生效以来，从全国宏观、省级中观、企业微观看，各层级运行平稳，减排效果良好。

二、碳交易定价机制从国际参与到国内区域试点再到全国统一碳市场改革

1. 中国对国际碳排放权交易定价机制的供给侧贡献

2005 年以来中国基于《京都议定书》清洁发展机制迅速成为全球 CER 市场供给侧的最大供应国。截至 2018 年 11 月 27 日，已有 3 807 个 CDM 项目在联合国注册，1 557 个已获联合国签发，为发达国家提供可履约的核证减排量 56.87 亿吨二氧化碳当量，占全球 CER 总量 195.72 亿吨二氧化碳当量的 29.1%。

2. 国内碳减排市场定价机制的十年成长

国内碳减排市场定价机制始于 2008 年 8—9 月，上海、北京、天津排放权交易所先后成立。2009 年 6 月 30 日，广州环境资源交易所开始运营。2009 年 8 月，奥运绿色出行的碳路行动，将 8 895 吨碳减排额度，以保险形式，从中国太平保险公司购买 28 万元碳保险，在北京环境交易所成交履约；2010 年中国国际航空公司在北京环境交易所自愿商业化履约，实现从北京飞往广州一个航班的"碳中和"；2011 年 3 月方兴地产以每吨 60 元价格购买 16 800 吨熊猫"自愿碳减排"量。

3. 碳排放权交易市场定价机制的运行现状和成效

第一，我国参与国际碳交易市场定价机制的情况，需要分为《京都议定书》生效期间的 2019 年 12 月 31 日前和《巴黎协定》生效的 2020 年 1 月 1 日以后两个阶段。在《京都议定书》的剩余时间里，由于中国国内 8 个试点强制减排和 1 个自愿减排碳市场上线交易，2015 年 7 月 14 日后，中国清洁发展机制项目没有在联合国注册获得通过的记录；2016 年 8 月 23 日后，中国国家发展改革委没有审批参与国际碳市场的清洁发展机制项目；2017 年 7 月 31 日后，联合国没有向中国签发核证减排量。2017 年 6 月 1 日、8 月 4 日，特朗普宣布和美国致函联合国退出《巴黎协定》以来，欧洲发达国家不愿出钱购买减排量，价格极低，一些清洁发展机制项目企业基本上暂停了国外交易项目。

第二，国内碳交易市场定价机制的现状和成效，需要分为试点市场定价机制和全国统一碳交易市场定价机制进行分析。后者还没有上线交易，将在"进一步改革探究"中讨论。2011 年 11 月，国家发展改革委批准五市二省的七大区域性碳排放权交易平台开展碳排放配额交易和核证减排量交易试点。深圳、上海、北京、广州、天津、湖北、重庆的正式上线交易时间分别为 2013 年 6 月 16 日、2013 年 11 月 26 日、2013 年 11 月 28 日、2012 年 9 月 11 日、

2013 年 12 月 26 日、2014 年 4 月 2 日、2014 年 6 月 19 日。2016 年 4 月、11 月，国家发展改革委又先后审批了四川联合环境交易所和福建海峡产权交易所的自愿交易和地区配额交易。全国统一碳排放权交易市场绿色价格机制，于 2017 年 12 月 19 日宣布启动。

三、排污权交易定价机制的区域试点改革

中国排污权交易定价机制，始于 1987 年上海水污染排放权的转让。2001 年 4 月，中美签订了《推动中国二氧化硫排放总量控制及排放交易政策实施的研究》合约，推动了中国排污权交易市场减排机制的试点。

1. 排污权交易市场定价机制的覆盖范围与层级

浙江省嘉兴市排污权储备交易中心率先于 2007 年 10 月 23 日成立，全国已有 30 个地区开始排污权有偿使用和试点交易，其中 18 个实行的是地区性自主市场绿色价格机制，12 个地区进行的是国家部委批复的排污权有偿使用和试点交易。一级市场价格政府制定，二级市场自由制定。

2. 近年来排污权交易市场定价机制的政府改革指引

2014 年 8 月 6 日，《国务院办公厅关于进一步推进排污权有偿使用和交易试点工作的指导意见》出台，2015 年 10 月 1 日，《排污权出让收入管理暂行办法》由财政部、发展改革委、环境保护部联合发布。2015 年 10 月 12 日，中共中央、国务院出台了《中共中央国务院关于推进价格机制改革的若干意见》，高屋建瓴地提出要完善排污权交易市场。

3. 排污权交易市场定价机制的运行现状和成效

美国排污权交易市场定价机制在全球最早运行，加州 1993 年年底建立区域排污权交易市场，进行固定源 NO_x 和 SO_x 减排。到 2013 年，NO_x 排放量从 1994 年的 25 420 吨减少为 7 326 吨，约减排 71%；SO_x 排放量从 1994 年的 10 335 吨减少为 3 198 吨，约减排 69%。德国、英国、澳大利亚等发达国家先后启动排污权交易定价机制。国内方面，我国建立了包括上海环境能源交易所、北京环境交易所、天津排放权交易所等一级环境交易所，另有 10 余家已挂牌成立的环境权益类交易所和 20 余家专业性环境交易所。2007—2017 年的 10 年间，国家批复试点地区通过排污权有偿使用减排机制收取排污费总金额达 73.1 亿元；排污权交易市场绿色价格机制，由企业在中介市场平台自愿交易，形成二级市场价格，国家批复的试点地区通过排污权市场交易减排机制的

交易金额达 61.7 亿元；自行开展交易试点的各地总交易金额只有 5 亿元。全国 30 个地区的排污权有偿使用和试点交易市场绿色价格机制，存在总体规模小、标的物单一、各地法规各异、价格难以比较等问题。

第二节　绿色价格机制进一步改革的思考

实践探索中的价格改革，只有起跑线，没有终止点。在绿色价格改革方面，相关部门和单位应根据《中华人民共和国环境保护法》《中华人民共和国环境保护税法》相关法律、法规和中共中央、国务院 2015 年 10 月 12 日出台的《中共中央国务院关于推进价格机制改革的若干意见》（中发〔2015〕28号），有序推进绿色价格机制的进一步改革，包括：碳税单独立法和并入环境保护税法的"大一统"绿色价格机制的法制化选择；全国统一碳市场扩容及其与国内区域试点市场和国际碳市场的多重对接、互认机制；碳排放权现货、远期市场的规范与期货、期权的价格发现机制；排污权市场机制的立法、试点扩容、全国统一排污权市场建设及其国际国内互联互通和远期、期货、期权市场改革创新。

一、环境保护税法的改革与开征碳税的思考

2020 年，我国单位 GDP 二氧化碳排放比 2015 年下降 18.8%；到 2030 年左右二氧化碳排放达到峰值，非化石能源占一次能源消费的比重提高到 20%。

从环境保护税"税收"绿色价格机制角度的税目、排污费征收对象来看，目前的环境保护税征税对象限于大气污染物排放、水污染物排放、固定污染物排放和噪声超标，并以税法的形式相对固定下来，改革不宜频繁，改革程序相对复杂。

若将碳税绿色价格机制纳入环境保护税改革范畴考虑，这个问题就更加复杂。碳税约束的是企业温室气体排放产生的温室效应和大气气温升高，碳税可以单独立法，也可以成为环境保护税的一个税类。碳税还可以延伸至企业进出口贸易中防范"碳泄漏"的碳关税工具。碳税与环境保护税绿色价格机制二者依法并行，也可以让环境保护税包含碳税，并入后共同运行绿色价格机制，还可以是"大一统"环境保护税收体系的绿色价格机制。

对于碳税开征的定价机制，首先要分析论证开征二氧化碳排放税的可行性，研究"碳市场机制+政府碳税机制"并行的必要性。从丹麦、日本、美国等国的环境治理经验来看，未来二氧化碳将作为环境保护税的税目或单独向企业开征碳税，甚至碳关税或将成为我国在进口贸易中防范"碳泄漏"的政府绿色价格机制。

如果不考虑开征碳税，环境保护税绿色价格机制改革有一个加征生态赤字税的改革选项，以减少污染排放和资源消耗对自然生态空间的超额占用。通过税负转移促进低碳绿色发展，国家使用生态赤字税税收收入，可以降低东部地区的企业所得税和中、西部地区的个人所得税。

环境保护税改革，对碳税、碳关税逐步纳入立法程序，有长远的正向影响。目前，全世界已有丹麦、瑞典、挪威、葡萄牙、墨西哥、爱尔兰、冰岛、荷兰、芬兰、波兰、爱沙尼亚、斯洛文尼亚、智利、拉脱维亚等国家开征碳税。加拿大 2019 年 1 月 1 日开征，碳价为每吨 20 加元，每年上涨 10 加元，2022 年封顶——50 加元。欧美一些发达国家开始考虑实施碳关税机制。

单从碳税绿色价格机制设计的未来展望看，应注意五个方面的问题：一是法律法规的制度安排设计；二是碳税绿色价格机制的税率，应考量新时代中国特色社会主义主要矛盾的变化，关注经济发展不充分不平衡的短板地区和领域；三是保护企业竞争力，弥补碳排放权交易市场绿色价格机制减排成本削弱企业竞争力的缺陷；四是注意碳税绿色价格机制的特殊性和诚实信用原则；五是 2018 年 11 月中旬法国多地居民抗议开征汽车尾气二氧化碳排放燃油税的事件告诫我们，开征碳税涉及民生时，应当在设计之初、设计之中、实施之前，与民良性互动。

二、碳排放权交易市场价格机制的改革思考

碳排放权交易市场定价机制改革，是绿色价格机制改革的难点。法律、法规缺乏，在《中共中央国务院关于推进价格机制改革的若干意见》（中发〔2015〕28 号）中，没有碳排放权交易市场定价机制和碳税机制改革指向的只言片语。这说明碳排放权定价机制还不健全、不成熟，说明需要学界加大研究力度，尽早为党为国为民提供科学、可行的机制设计和政策方案，探索创新低碳产品的价格形成机制，完善构建绿色转型的价格体系。

1. 全国统一碳市场定价机制及其价格形成机制

中国未来将继续推进应对气候变化的二氧化碳排放权交易市场绿色价格机

制的实施。在总结 7 个试点区域二氧化碳排放权交易市场绿色价格机制基础上，2017 年 12 月 19 日，全国启动了统一碳排放权交易市场定价机制，首期纳入全国范围内电力行业（年能耗）标准煤 10 000 吨以上的企业强制限排减排，第一年为基础建设期，第二年为模拟运行期，第三年为深化完善期，与 2013 年 6 月以来区域限排减排试点碳排放权交易市场并行。2020 年前后电力行业全国统一市场开始碳配额交易，逐步在全国范围内电力、航空、石化、建材、造纸、有色、化工、钢铁 8 大行业的 18 个子行业 32 个产业中，渐进式地实行限排减排的碳市场绿色价格机制。近期需要推进全国统一碳市场常态化工作，重点是价格形成机制，包括配额零价格分配机制、配额拍卖价格机制、储备配额和储备资金的价格运行调节机制、核证减排量抵消及其价格机制。

2. 关于减碳定价机制的法治改革

我们既往的研究先后提出碳交易市场绿色价格机制存在法律风险和监管缺位，需要启动国务院条例和全国人大立法程序。目前虽有 2014 年 10 月 30 日实施的《碳排放权交易管理暂行办法》和各地的地方性法规，但未来的改革宏观切入重点仍然是建立健全法律法规，让暂行办法"转正"，颁布《全国碳排放权交易管理暂行条例》，规划《中华人民共和国二氧化碳排放法》；微观切入点包括研究、出台、健全、完善企业排放报告管理办法、第三方核查机制、市场交易管理办法、统计报告的国际化认可等规制；全国统一碳市场从电力行业向 8 大行业 18 个子行业扩大覆盖范围；区域试点市场与全国统一碳市场独立并行、兼容互通、完全合一选项；碳远期的规范，碳期货、碳期权、碳掉期的试点探索。

3. 碳交易驱动乡村振兴低碳化发展机制

需要将核证减排量的抵消机制与价格机制联系起来，让碳市场交易机制不仅能够驱动工业和第三产业减碳，而且能够驱动乡村振兴战略低碳化发展，从而缓解发展不充分不平衡矛盾。在个别细分产业、细分产品、细分地区和一部分低碳行为决策"绿领"阶层，通过碳交易实现低碳化发展"弯道超车"。探究农牧地区和西藏等后发地区的低碳发展和碳排放峰值。

4. 价格主管部门在碳市场运行中的价格监管职能

全国统一碳市场 2020 年上线交易的注册登记系统、企业直报系统、交易系统、重点排放单位碳排放的排放核查和配额管理系统正在构建。价格是碳交易的核心，国务院价格主管部门和各级价格主管部门应当参与到全国统一碳市场运行过程之中，行使价格监管职能，以保障碳价形成机制、碳价运行机制、碳价调控机制科学、合理、有效。

5. 减碳市场定价机制国际化

中国碳排放权交易市场定价机制最早源自国际碳市场的供给侧，最终应在国际碳市场的供求两端发力，既与发达国家碳市场定价体系对接，又与欠发达国家建立碳排放权市场定价机制的命运共同体。与发达国家减碳定价机制可以在两个方面寻求突破：一是全国统一碳市场绿色价格机制与欧盟和已经启动国家级别的碳市场对接、互通、互认；二是各个区域试点碳排放交易市场定价机制与美国、日本、加拿大等国家的地区（州）碳市场对接、互通、互认。

三、排污权交易市场价格机制的改革思考

《国务院办公厅关于进一步推进排污权有偿使用和交易试点工作的指导意见》（国办发〔2014〕38 号）要求各部门和各省（自治区、直辖市）研究制定排污权核定、交易价格管理、使用费收支的具体规定，中共中央、国务院在《中共中央国务院关于推进价格机制改革的若干意见》（中发〔2015〕28 号）中再次明确提出了完善排污权交易市场化绿色价格机制，积极推进排污权有偿使用，引导企业主动治污减排。财政部、发展改革委、环境保护部制定的《排污权出让收入管理暂行办法》已于 2015 年 10 月 1 日生效。本章认为，排污权交易市场化绿色价格机制的法规基础较为完备，需要在七个方面进行进一步的改革。一是法律的制定、实施，包括《温室气体自愿减排交易管理暂行办法》的"转正"；国务院《温室气体自愿减排交易管理》的起草、发布；《中华人民共和国排污权交易法》的研究推进。二是排污权交易市场试点地区和范围的扩大。三是各个排污权交易市场试点平台之间的互联互通。四是全国排污权交易统一市场的启动。五是我国排污权交易市场与国际市场的对接、融通、互认。六是排污权交易市场绿色价格机制与碳排放权交易市场绿色价格机制的互换。七是排污权交易市场绿色价格机制的远期、期货、期权、掉期等金融衍生工具交易的探索。

第三节 绿色价格机制之间的协同推进改革方向

一、减排政府定价机制与减排市场定价机制的协同推进

污染物排放和碳排放都是全世界公认的"双失灵"难题。减排定价市场机制可以弥补政府定价机制失灵，减排定价政府机制也可以弥补市场定价机制失灵，既符合经济学原理，也符合欧美绿色价格机制运行实践。

第一，环境保护税绿色价格机制与排污权交易市场绿色价格机制协同推进问题。环境保护税绿色价格机制以法律为后盾，遵从税收"三性"原则，具有强制性、无偿性、固定性，一切排污主体都必须遵从这个定价机制。排污权交易市场绿色价格机制以市场为基础，遵从金融市场"三性"原则，具有自愿性、盈利性、风险性，以利益最大化为目标，灵活性高，与环境保护税兼容。环境保护税绿色价格机制还可以弥补排污权市场交易范围小、污染物种类少的缺陷。

环境保护税定价机制的净利润成本效应具有一定的固定性；排污权交易市场定价机制的损益在市场机制驱动下具有不稳定性和风险性。针对企业产品市场需求的波动性，企业利润率也呈现出上下波动的特征。在企业产品市场疲软期、利润低迷期，可以考虑降低生产量，将节约的排污权拿到排污权交易变现；在企业产品供求饱和期、利润平缓期，采用环境保护税的单一税收工具；在企业产品市场需求旺盛期、高额利润期，可以考虑增加生产量和排污量，超过基准线的短缺量，可以在排污权交易买进排污权，实现排污权资源配置帕累托状态下的多盈利污染物排放"市场化达标"模式。

第二，减污定价"政府定价机制强、市场定价机制弱"与减碳"市场定价机制难、政府碳税机制无"的现状。在减污定价机制方面，政府和市场定价机制并行，但政府定价机制有36年的排污收费历史，上升到环境保护税定价机制后，政府定价机制更完善；而市场定价机制——排污权交易定价机制很弱，还在试点期，需要培育。

第三，在减碳定价机制方面，目前只有市场定价机制——碳排放权交易市场定价机制，并且正在从区域试点向全国统一市场定价机制过渡；而政府定

机制——碳税机制启动还没有纳入议事日程。需要早日进入立法规划、立法起草、立法程序。逐步发挥碳市场定价机制在碳资源配置中的决定性作用，同时发挥政府定价机制在碳资源配置中的宏观调控作用。从国内碳排放权交易市场定价机制区域试点运行 5 年多来的实践看，还存在诸多的问题和困难，需要在改革中解决。

虽然我国当前还没有碳税绿色价格机制，但碳排放权交易市场绿色价格机制与碳税政府绿色价格机制协同推进减排，是值得进一步研究的问题。比如，未来能否利用碳税绿色价格机制和补贴碳税机制，驱动东、中部发达地区，承担西部和东三省的减碳成本，利用补充碳税机制驱动全国排放大省实行重点控排。

二、"减污"定价机制与"减碳"定价机制的协同推进

"减污"与"减碳"，在理论上，源于外部性理论；在排放客体上，源于废弃物，甚至同一废弃物；在排放主体上，以企事业单位和能源消费大户为主；在排放监管主体上，以我国生态环境部门为主。而日本等国已经积累了"减污"和"减碳"协调治理的经验。我国"减污"和"减碳"协同推进"一证式"绿色价格机制改革，是未来改革的一个研究选项。"减污"定价机制与"减碳"定价机制的协同推进可以先易后难：第一步，规范、扩大同一个产权交易平台，既交易排污权，也交易碳排放权；第二步，探索排污权与碳排放权的互换机制，由于它们不同质、难比较，所以可以不考虑质，通过价、量乘积的金额，进行货币化比较，从而实现互换机制；第三步，考虑将排污权与碳排放权协同融入同一套绿色价格机制体系。

三、绿色价格机制与其他绿色低碳发展机制、重大战略的协同推进

减排是一个系统工程，可以考虑绿色价格机制与其他绿色低碳发展机制的协同推进，比如与绿色金融机制的协同推进、与碳标签非价格机制的协同推进、与乡村振兴战略的协同推进等。

参考文献

陈波，2014. 碳交易市场的机制失灵理论与结构性改革研究 [J]. 经济学家（1）：32-39.

国家环境保护总局，中共中央文献研究室，2001. 新时期环境保护重要文献选编［M］. 北京：中央文献出版社.

胡祖才，许昆林，张汉东，2016.《中共中央国务院关于推进价格机制改革的若干意见》学习读本［M］. 北京：人民出版社.

黄衔鸣，蓝志勇，2015. 美国清洁空气法案：历史回顾与经验借鉴［J］中国行政管理（10）：140-146.

蓝虹，2005. 环境产权经济学［M］. 北京：中国人民大学出版社.

李虹，熊振兴，2017. 生态占用、绿色发展与环境税改革［J］. 经济研究（7）：124-138.

李岩岩，2016. 我国碳税税率设计及福利效应研究［D］. 北京：北京航空航天大学.

刘建梅，2016. 经济新常态下碳税与碳排放权交易协调应用政策研究［D］. 北京：中央财经大学.

潘家华，2018. 潘家华：从诺德豪斯获诺奖看经济学人的气候变化研究之道［EB/OL］.（2018-11-04）［2021-08-26］. http://www.tanpaifang.com/tanguwen/2018/1104/62424.html.

世界银行，2010. 世界碳市场发展状况与趋势分析（2003—2009）［M］. 中国人民大学气候变化与低碳经济研究所，译. 北京：石油工业出版社.

田永，2014. 碳金融交易平台价格形成机理与实践探索［J］. 价格理论与实践（9）：113-115.

田永，2017. 美国退出《巴黎协定》与全球碳定价机制实践的宏观解析［J］. 价格理论与实践（10）：30-33.

王红艳，田永，桂雄，2018. 开征环境保护税对企业排污权交易和财税管理的影响［J］. 经济师（9）：40-41.

杨志宇，2016. 欧盟环境税研究［D］. 长春：吉林大学.

赵文娟，宋国君，2018. 美国区域排污权交易市场"RECLAIM 计划"的经验及启示［J］. 环境保护，46（5）：75-77.